吴 晨

—— 著 ——

重塑

企业家精神、
创新的常识与管理新思维

上海人民出版社

名 家 推 荐

我们都预见过今天的中国和世界的大变局,当这一切都来到眼前的时候,我们还是有些措手不及。重塑从生活的每一天,到经济或者生产的每一天,从四面八方袭来,任何准备仿佛都没有意义。本质、规律、秩序、规则从中国到全球、从经济到政治、从科技到文化无所不包。吴晨先生的《重塑》一书告诉我们,过去的一切都有可能让你无法应对未来。重塑自己,才能迎接明天。

——王世渝,资深投资银行家

《重塑》一书用一种三联画的深度视角,对当下每个人都能感受到的大变局冲击,提供了一种信念级的洞察力。读者可以跟随作者有趣的思考,一路小跑,重新理解企业家的新冒险,全球经济的新结构和摆脱失败纠缠的新思维。这些伴随式的阅读体验,能够有效化解人们对不确定性的猜忌和恐惧。在这里,重塑自我是一门有目的、可借鉴的有效修炼,无论是意识还是技能。就某种意义而言,这也可以看成作者上一本书《超越乌卡》的姊妹篇。令人心生敬意的是,吴晨也在用身体力行、勤勉不怠的方式,不断刷新观念,重塑自我。

——林雪萍,《供应链攻防战》作者

在这个变化纷繁的时代，吴晨先生的新作《重塑》给我们展示出跨界的力量。理解复杂、拥抱未知、推动创新，都需要放飞想象力，而想象力则源自对科技发展、经济变化、管理思维和人文评论熔于一炉的深度跨界思考。

——王庆，上海重阳投资董事长

吴晨先生的新书《重塑》展现出了对中国未来经济转型的深入思考。迈向创新驱动的大转型需要持续开放与多元视角，而这恰恰是本书的价值所在。全球的管理新思维、AIGC 的技术颠覆力、人文历史爬梳得出的新思想，都是思考未来、推动改变的动力源泉。

——傅晓岚，牛津大学教授

目　录

企业家与商业

理解全球经济的结构性问题

管理新思维

思考和评论

自序　理解重塑

2020 年代是一个什么样的时代？不少人会用"百年未有之大变局"来形容转型之猛烈，也有人会因为不确定性激增而彷徨甚至"躺平"，我给出的定义则是"重塑的时代"。

理解重塑，有三层含义。

首先，旧有的做事方式正在被打破，也需要持续去打破，而新兴的做事方式仍有待探索，需要不断试错，很难事先断定成功与否。

全球经济正在发生从工业时代迈向智能数字时代的大转型。几年前一个比喻就流行起来了——大数据是未来的石油，人工智能是未来的电——这其实是从工业时代向智能数据时代转型最重要的特征。以石油比喻大数据，是因为它是未来经济发展的命脉；以电来比喻人工智能，因为人工智能时代的"即插即用"会给企业和个人带来极大的便利。

生成式人工智能和大模型的火爆让全球都在追捧算力、算法和大数据，其背后是转型前后的巨大变化，即从有形资产向无形资产的巨大转变：石油只能贩卖和使用一次，大数据却可以不断使用，所以其所有权、使用权、加工权，完全可以为不同多方所拥有，甚至会带来边际效应递增的效果，也就是使用的人越多，使用的场景越多，越多不同大数据融合的分析，其价值越大。

同样，人工智能的发展不仅会呈现出类似电力的普惠性——有电网的地方几乎每个人都能用到便宜的电，驱动生产和生活的各种机器和工具——也会带来边际成本递减甚至接近零的效应。此外，大数据和人工智能又呈现出巨大的互补性，海量大数据是人工智能不断发展的重要资源。这三点是智能数字时代的基本特征。

技术变革是重塑时代最大的推动力，它要求我们去积极改变工业时代的遗产。工业时代的人生三段论——学习、工作、养老——将被重塑。知识的迭代需要每个人拥抱终身学习；工作也不再是线性发展的职业生涯管理，而可能是一连串平行跳跃的机会和挑战；而AI赋能的生物科技的大发展也将重塑"老年"的定义，70岁是新的50岁，更多健康的长者既催生了靓丽的"银发经济"，也给医疗和社会保障带来新压力。

在这种新旧交替的过程中，我们切忌路径依赖，反而需要学会"抛弃"，对过去的经验不再敝帚自珍。我们也需要拥抱创新，学会试错。

其次，重塑有着多方力量参与，重塑是一个多方力量大博弈的过程。

从外部来看，全球经济正在发生剧烈的变化，地缘政治正在重新影响着全球商业的布局，供应链的重塑正在发生，美国开始重新拥抱产业政策，鼓励制造业回流，粗鲁的关税大棒不断挥舞，非关税壁垒也将渗透到更多领域。我们面临着许多中国过去40年经济高速发展所不曾遇到的新问题。

从内部分析,中国经济也面临一系列挑战。一些是明确的,比如人口红利的消失和老龄化的步伐的加速。未来25年,中国人口平均年龄将从38岁上升到48岁。少子化叠加老龄化对经济和商业带来的改变急需仔细分析。另一些是不明确的:中国制造需要出海,但如何应对出海相关的一系列问题却需要学习和探索;从投资向消费的经济发展驱动转换势在必行,但扩大消费,尤其是居民消费,是结果而不是手段,需要公共政策做出坚定的转型。

理解内外变化,我们就需要非常清晰地认识到,在这场重塑的大博弈中,哪些已经超乎了个体和企业控制的范围。比如大国博弈,作为个体和企业更多需要关注、分析、做好预案。

但仍然有许多领域的个人和企业要充分参与博弈,这也是这本书中反复提到的话题:在人工智能大时代,我们怎么理解人工智能对工作和职场带来的改变?在"人加机器"的世界,我们需要强化哪些能力,形成与机器更加有效的协作?同样,技术的变革一定需要组织的变革,也会带来一系列关乎个人的变化。跟上时代,甚至引领时代,我们需要习得哪些新思维,拥抱哪些常识?

最后,重塑的结果不确定。不确定是这个世界最本质的特征。

探索"未知的未知"的世界需要两种姿势。首先是探索的精神,《为什么伟大不能被计划》就体现了这种精神。我们不可能预知未来,但我们可以不断去探索创造未来伟大的踏脚石。其次则是从历史中汲取经验,太阳底下没有新鲜事,历史总在押韵。在英伟达市值 2023 年迅速飙升超过 2 万亿美元这一案例上再次得到验证。淘金潮中贩卖铲子和牛仔裤的为淘金人提供工具和服务的公司能快速壮大，英伟达就是这一轮 AI 淘金潮中最大的工具贩卖商。

理解重塑，需要我们做到三点。

第一，放飞好奇心和想象力。不仅个人需要如此，企业也需要思考如何系统地推动想象力。

第二，问题即答案，学会问问题。在不断追问人与机器最大区别的时候，大家不约而同给出的答案是问问题的能力。且不说生成式人工智能催生出大量提示工程师（prompt engineer）的工作岗位，提示的好坏决定了 AI 答案的优劣，未来的探索、试错、判断、前瞻都需要我们不断去问问题，不断提出新假设，不断去质疑已知。

第三，拥抱常识。常识是人类文明积累下来做人、做事，以及协作的封装经验。无论从西哲还是中国的先贤身上，我们都传承下来一些重要的法则，比如白银法则——己所不欲，勿施于人。启蒙时代让世人在真相、认知和观念上都有了跃升，其基础是开放、透明、鼓励知识的传播和公开的讨论。科学时代又带来了科学的精神，其核心是在一个开放的环境中大胆假设、充分实验、小心证明，理解进步源自站在巨人（人类知识总和）肩上的努力，但绝不盲信权威。

重塑的时代，保持开放是关键。开放的心态，有助于认知的新陈代谢；开放的视野，有利于跨界思考，发现未来突破的踏脚石；开放的思想市场，才能真正发挥人的多样性，在多元思想的碰撞下求同存异，兼收并蓄，共同去解决复杂问题。

引子　拥抱韧性与重塑的时代

前瞻 2024,乐观还是悲观?

面对这个复杂而多变的世界,很难用前景乐观或者悲观这样简单的二分法来形容。变化是常态。变化的方向需要我们一起努力去探索,应对变化带来的冲击需要我们培养韧性,同样,创造全新的做事方式也是一种塑造的过程,是多方合力完成的结果。所以与其简单乐观或是悲观地去前瞻未来,我宁愿说,2024 年将开启重塑和需要进一步培养韧性的年代。

2005 年,弗里德曼出版了一本对全球化高歌猛进时代进行注释的书——《世界是平的》。其实并不需要时光机,就能穿越回到弗里德曼当时描述的世界。2023 年底,我再访胡志明市,就觉得那里很像 2005 年的浦东。在那里,世界是平的。

平的世界有三个特点。

首先是距离的拉近。互联网带来的信息爆炸让资讯唾手可得,繁密的航运网络让任何一个开放做生意的国家都能够被纳入全球经贸体系进行交易,早已频密的飞行网络也拉近了所有城市的距离。

其次,地球村遵循平等的竞争逻辑,每一个市场按照自己的资源禀赋去争取独特的发展机会。2005 年的中国已经具备了世界工厂的规模,这与中国具备良好的基础设施、完备的招商引资策略、庞大的廉价技术工人密不可分;同样,当年的印度也是全球科技外包的热土,这与其成规模的英语教育、庞大的理工科毕业生群体息息相关。地球村不会给制造贴上特别的标签,也不会用朋友或者敌人来区别外包供应商。跨国公司是地球村事务的实际主导者,它们遵循的原则很简单:规模、便宜、高效。

最后,经济发展是平的世界的主旋律。这一波全球经济大发展始于冷战结束,几乎涵盖了全球所有国家和地区。平的世界的主要发展模式是有路径可循的,在追赶的过程中还可以跑得更快些,弯道超车。

因为"时光机"的存在,平的世界仍然保留了可能性。所以在 2023 年的胡志明市,我们可以想象一条至少未来十年的发展轨迹:招商引资、基建蓬勃、外资云集(中国是主要的外资之一)、"海归"(ABV,越南裔美国人)踊跃。

但从中国的视角来审视,世界已经不再是平的了。地缘政治与大国博弈的拉扯竖起了不少高墙和壁垒,自由贸易也因为朋友和敌人的划分而支离破碎。效率不再是跨国公司行为的主旋律,它们与国家一样开始注重安全,没有谁希望夹在大国竞争之间左右为难。高科技的攻防战更是没有硝烟的战场,迫使中国要蹚出一条开放式自主创新的发展之路。

不再是平的的世界,需要我们重塑世界观和发展观。

首先,我们要走出熟悉的世界,拥抱未知。30 年高速发展所形成的路径依赖让我们特别习惯朝着一个既定目标去追赶。我们的学习能力超强,还能推陈出新,弯道超车。但现在熟悉的全球化正在被打破,不确定性指数级增加,对于不再是平的的世界,我们需要适应,也需要通过创新来推动改变。

其次,我们需要正视经济的结构性问题,仔细审视内外部的挑战与机会。国家在发展过程中会经历高速发展之后的瓶颈期,欧美在 20 世纪 70 年代,日本在 20 世纪 90 年代,中国则是在当下。这样的瓶颈期的突破需要结构性的大调整,从制造转向消费,从硬件转向软件,从增长转向解决更为复杂的问题,而在这一过程中,又需要适应全球大势的变化,善用技术的持续迭代。20 世纪 70 年代,这两点的标志是布雷顿森林体系的崩塌与计算机的出现;20 世纪 90 年代是冷战结束催生的加速全球化与互联网出现推动的硅谷创新大爆炸;当下则是全球化方向不明以及地缘冲突频发所带来高度不确定性与大语言模型催生的人工智能重大发展机遇。危中有机,唯有改变才能突围。

最后,我们需要摈弃唯 GDP 论的发展观,构建解决复杂问题的全新发展观。衡量未来中国经济发展的已经不再只是 GDP 数字的增长,而是发展过程中如何解决一系列累积的问题,重新出发。

据相关统计,与人均 GDP 同在 1.3 万美元左右的国家相比,中国经济有三组 10 个百分点的差距:中国的城镇化水平比同侪低至少 10 个百分点,劳动者的收入占 GDP 的比例低至少 10 个百分点,服务业占比也同样要低 10 个百分点。弥补这三个 10 个百分点的差距,可以说是破解中国经济结构性问题的抓手,也可以说是确保中国经济再出发的"低垂的果实"(low hanging fruits)。明确城镇化方向,并进一步推动城镇化,有助于解决目前最棘手的房地产问题,推动城市创新集群的发展,构建新经济引擎;切实提高劳动者收入,才能根本扭转消费颓势,推动消费成为拉动经济发展三驾马车的龙头;大力发展服务业则可以创造出大量全新的工作机会。

未来中国还将经历老龄化不断加重、少子化问题等难以在短期内解决的结构性难题,相关的教育、养老、医疗、民生问题都是复杂难题,需要探索、实验和创新。在"世界是平的"的时代,中国完成了高速增长。面对"不再是平的世界",我们需要重塑发展。

未来还有一种可能性,那就是平行世界。这是最需要担忧的,也是需要竭尽全力避免的。

冷战时期的美苏是平行世界,每年的经贸往来不及中美现在一天的进出口额,人员交往更是寥寥。我们要避免这种情况再次发生,同样,我们还需要避免数字时代的平行世界,因为与资讯全球化同时发生的是信息茧房变得日益深厚,以及日益不兼容的数字系统。

我们并不担心世界是否平的,但我们必须提防平行世界的发生!基于此,就重塑未来我在这里分享五大前瞻思维。

全面重塑的时代

2024 年将开启一个重塑的时代：一个全球化重塑的时代，一个国际商贸关系重塑的时代，具体表现为一个全球供应链重塑的时代。

供应链的搬迁是 2023 年经常被讨论的一个话题。无论是富士康帮助苹果在印度代工生产 iPhone15 手机，还是比亚迪与苹果商洽在越南代工生产 iPad11 平板电脑，都给人一种中国制造正在搬迁的感觉。其实真正发生的是，中国参与的全球供应链正在不同的地缘环境下被重塑，而中国制造是参与这一重塑的重要力量。

理解全球供应链的重塑，首先需要清楚地意识到，重塑不是简单地搬迁，不是一朝一夕就能完成的。这是中国制造充分参与其中的重构，而重塑的结果在很大程度上取决于地缘政治的大博弈与中国制造对自身优势与短板的清晰梳理。

经历了二十多年的快速发展，在化工行业（虽然成衣、制鞋已经大规模转移海外，但除了棉布之外，化纤材料仍然依赖中国制造，这就构成了上游产业链的优势）、机械制造（重卡、装备制造）、钢铁、消费电子等行业，中国产业链的齐备程度、产能与成本优势，几乎所向披靡。中国制造的能力在学习曲线上已经快步上升。

重塑——企业家精神、创新的常识与管理新思维

按照《供应链攻防战——从企业到国家的实力之争》* 中的分析，中国制造在连接力上，全球第一；在控制力上，也就是像苹果这样的龙头企业对供应链的掌控能力，制定供应商标准、指挥供应商布局的能力，中国制造正在迎头赶上；在设计力上，则还需要不断发展。

全面审视中国制造的能力之后，未来全球供应链的重塑将表现在拉力、推力和自主创新力的三方推手中。欧美跨国公司向东南亚、印度、墨西哥和南美的供应链转移是拉力；中国供应商主动进入这些市场，以享受出口美欧成熟市场的各种优惠则代表了一股主动出海的推力；而华为和中芯国际在打破芯片"卡脖子"技术上的自主创新的努力则是第三股力量，将在很大程度上影响大国之间的科技战。美国对华高科技封锁是"杀敌一千，自损八百"，并非高明之举，英伟达等美国高科技公司自然不愿眼睁睁拱手让出中国市场，却给了中芯国际这样的企业重大的发展机遇。

这同样也将是一个组织被重塑的时代。组织被重塑，因为时代正在发生变化。30 年前是通用电气(GE)老板韦尔奇所信奉的"赢"的文化盛行，这是一种特别强调竞争和淘汰的文化、强调执行力的文化。如果外部环境是稳定不变的，的确可以长期规划，总部思考、员工执行。但时代变了，外部环境充满了不确定性，仅仅拥有执行力，但缺乏思考和行动力的组织显然变得不合时宜。快速变化的时

---

* 林雪萍：《供应链攻防战——从企业到国家的实力之争》，中信出版集团 2023 年 12 月版。

代,需要组织有更快的行动力。因为一线员工往往掌握更丰富的信息,让他们提出创新方案,企业更有可能快速应变。

换句话说,在一个稳定的环境中,不断做优化,强调执行力很重要;但在一个多变的环境中,鼓励多样性成为更重要的点,实验和创新变得更为重要,如何在一个组织中塑造规模化创新的能力成为关键。组织在应对变革的过程中需要的是构建适应力与韧性,增加灵活度,放飞想象力。

更重要的是,这还将是一个职业和职场被重塑的时代,生成式人工智能革命将掀起重塑职场的轩然大波。

以程序员为例。在过去十年中,无论中外,程序员都是香饽饽的职位。可是随着大模型 GPT(Generative Pre-Trained Transformer)编程能力的展现,程序员也有了生存危机。他们会被替代么? AI 重塑职场不会是简单的替代关系,重塑的关键词是"人机合体"。

国际象棋就是一个很好的例子。IBM 的超级计算机深蓝打败国际象棋大师卡斯帕罗夫之后近 30 年,国际象棋并没有消亡,反而变得更加火爆,因为每个人都有机会与算法过招,依靠 AI 设计定制化学习,"人+机器"(AI 赋能的国际象棋大师)反而成为棋坛上的最强组合。

编程是一项技能,也是一种思维方式。编程技能很容易被 AI 替代,但思维方式不仅不能被替代,还可能变得更加重要。有经验的程序员会花费更多时间去全局审视需要解决的问题,思考软件的架构,也会花更多时间与同事和客户沟通。能够编程的 AI 的出现,对有经验的程序员而言无疑是如虎添翼。

职场和职业的重塑需要我们重新思考人才的培养和发展。原先考核的是编程的硬实力,未来考核的更多是软实力,比如架构力、判断力、全局观、使用工具的能力,以及沟通能力。

AI 未来的发展：AHOA 的框架

技术进步常常会有 Aha moment(灵光乍现)的一刻出现,也就是突破的一刻。玩一个小小的文字游戏,未来 AI 的发展可能呈现出 AHOA 的框架。

AOHA 代表了 AI 未来发展的四个面向。

首先是非对称性(asymmetry),即西方人经常引用的小男孩大卫与巨人格利亚的对垒。AI 让初创者、业余者有机会与在位者一决高下,编程能力一般的程序员如果有很好的架构力也可能出人头地。

这就引出了第二个面向——多用途(omni-use)。作为非对称的延伸,AI 的多用途让军民两用技术之间的界限变得越来越模糊,传统消费级产品在 AI 加持下,很容易被组装起来成为军用产品。

现在越来越多人认为,这一轮生成式人工智能(AIGC)是一种新的"电",虽然目前仍类似在电力发明的早期。一方面,AI 作为技术仍需不断改善,就好像我们现在只触及了直流电,还没有交流电;另一方面,我们并不知道到底会涌现出哪些全新的 AI 技术应用场景,作为和电一样的通用型技术(General Purpose Technology, GPT),它将带来巨大的普惠性,影响生活、社会和经济的方方面面。

AI 发展的第三个面向则是超级进化(hyper evolution)。十年前,彼得·蒂尔的一句话经常被大家引用,他说:"50 年前,我们预言未来会发生剧变,很可惜,我们没等来飞行汽车,却只等来了 140 个字符(暗指推特)。"蒂尔的这番话的指向很明显,在过去 50 年,互联网和移动互联网催生了一大批高科技企业,现实物理世界却日益僵化。

AIGC 会带来现实世界的飞速变化。以自动驾驶为例,基于 AIGC 的自动驾驶(比如马斯克所推崇的完全自动驾驶,FSD)如果在短期内取得突破,不仅仅是车里不再需要司机这么简单,将会对整个交通体系、道路、城市规划、人口流动、商业布局等都带来深远的影响。

最后一个面向是自主性(autonomy)。AIGC 催生出的最新的职业是提示工程师(Promt Engineer),也就是能准确提出问题,与 AI 有效互动,找到期待的答案的人。这说明 AIGC 仍然是应用很窄的智能,需要在人类的提示下逐步完成具体的工作。但很快,提示工程师也可能被替代。AI 的进化会朝着拥有更多自主性改变,在复杂外部环境中作出自己的选择。面对人类的开放性问题,AI 将能够检索材料、制定策略、尝试执行。

在审视 AI 进步的过程中,我们总是会担心 AGI(Artificial

General Intelligence,超越人类智慧的通用人工智能)取代人类或者危害人类。但相比较担忧 AGI,我们更应该畅享 ACI(Artificial Capable Intelligence,宽人工智能)的出现。衡量 ACI 需要设定新时代的图灵测试,测试机器是否能够在基本上没有人监督的情况下解决复杂问题。一个可能的新图灵测试的题目是:我有 100 万元人民币的资金,请选择有效的投资策略,帮我在三个月内完成 10% 的正收益。机器如果能够完成这一任务,机器一定能胜任人类 Co-CEO 的角色。

如何对"日本化"说不

自从野村证券的辜朝明在 2023 年夏天提出中国可能步日本后尘,陷入类似日本 20 世纪 90 年代开始的"停滞","日本化"(Japanification)就成为经济学界热议的话题。2023 年的中国与 1990 年的日本的确有不少相似之处,房地产泡沫、高杠杆、经济发展面临瓶颈、人口结构的超级老龄化和少子化……虽然相似但并不代表一定会发生同样的状况,未来汲取日本教训,仍是中国需要予以重视的地方。

吉见俊哉在《平成时代》中梳理了日本过去 30 年屡败屡战的改革之路。平成时代始自 1989 年,结束于 2019 年,恰好与"逝去的 30 年"重合(改元"令和"也有点维新的味道)。

对"日本化"说不,就需要汲取平成时代的三大教训。

首先,日本不少大企业对外部大趋势和技术带来的变革缺乏清晰的认知。1990 年是最近一波全球化浪潮开启的时候。这一波浪潮有三大特点:以中国为代表的新兴市场成为新的制造基地和消费市场,跨国公司围绕新兴全球化对供应链做了全新布局,互联网和移动互联网的兴起催生了一股高科技领域的发展大潮。

很可惜,日本企业对这三波浪潮都显得反应迟钝。对比一下索尼和苹果的轨迹就能看出这种战略失当带来的大问题。和所有日本大企业一样,索尼习惯垂直分工,由核心企业、财团和交叉持股形成的系列公司构成同进退的企业集群,这种安排在赶超时代帮助日本企业在正确的产业政策指引下获得快速发展,但在新一波全球化浪潮中却显得缺乏开放度。相比之下,苹果在这一轮大潮中坚决关闭在美国的工厂,全心拥抱全球化带来的水平分工,在全球外包——加州设计、中国组装——的高效灵活机制下飞速成长。

再对比一下夏普和三星。2000 年代初,两家企业都是全球驰名的平板电视生产商;20 年后,三星成为第一梯队的手机、芯片和消费电器厂商,夏普则趋于没落。夏普的没落是因为它对信息革命和移动互联网给消费电子行业带来的改变缺乏长远而深刻的洞察,迟至2007 年仍然投巨资在本土建设彩电厂,对新兴市场液晶电视的需求敏感度不足。

以开放程度和对技术的敏感度衡量,中国大多数企业应该不会重蹈索尼和夏普的覆辙。但平成时代的第二大教训仍然值得我们警醒。经历了 30 多年快速发展,日本企业形成了"护航舰队"的发展模式,构成了政客、官僚与企业的铁三角关系,政客在技术官僚的辅佐下制定产业政策,而企业则在实施产业政策的过程中谋求快速发展。这种国家政策主导的经营模式在外部环境没有大变化的时代有助于规模化发展,但在急剧变化、竞争加剧的全球市场,僵化的机制显然跟不上市场的变化。此外,因为出问题之后有政府兜底,还会产生道德风险,让企业缺乏背水一战的创新压力。而这种对政府的依附,也会让企业失去独立思考和自主决策的能力。

平成时代的第三大教训是增长的时代改革容易,停滞的时代改革要难得多。平成时代,日本想要通过改革推动转型,但恰好与经济衰退及人口数量下降的时期相一致,难度要高很多。在这个时期出现了一系列社会问题:比如"穷忙族",即在方向不明的情况下单纯希望通过加长劳动时间来推动经济增长,显然徒劳无功;再比如"格差社会",贫富差距拉大,从高增长时代的"一亿中流"(巨大的中产阶层)堕落到"下流社会"(阶层向下流动)。这些社会问题都是我们需要提防的。

平成时代是一个改革不断失败但仍然不断改革的时代。2009年,日本民主党执政,提出"从混凝土到以人为本"的政策宣示,推动从大规模生产型社会向消费型社会的转型。这样的宣示,放诸当下中国,同样振聋发聩。

学做寻宝人

今年最火的一本书莫过于《为什么伟大不能被计划：对创意、创新和创造的自由探索》＊（*Why Greatness Cannot Be Planned*）。爆火的原因很简单，因为它讲述了人类历史发展的常识——任何伟大的突破都不会源自特定的计划，而是在未知领域探索中不断寻找的意外收获。它同样也揭示出在剧变时代，面对不确定的大环境，每个人应该具备的姿势——学会做一个寻宝人。

探索能收获到踏脚石。踏脚石是构建宏伟大厦的基础。踏脚石与最终目标却并不一定有相似性，如果确定了最终目标，按图索骥去寻找相似的踏脚石，往往是徒劳无功的。踏脚石也很可能产生于真正要解决问题的领域之外，需要大家有广阔的视野，而不是局限在自己狭小的专业领域内。医学领域内的一系列突破，比如核磁共振和超声波，都不是医学领域内所取得的突破，而是物理学的突破。

当这个世界越来越缺乏确定性的时候，我们应该怎么做？

首先，我们要避免虚假的确定性。寻找方向而不是最终目标，对踏脚石感兴趣而不是寄希望于已经知道最终目标长什么样子。

＊［美］肯尼斯·斯坦利、乔尔·雷曼：《为什么伟大不能被计划：对创意、创新和创造的自由探索》，彭相珍译，中译出版社 2023 年 4 月版。

为偶遇和发现做好准备，提出假设，证明或者证伪，珍惜聪明的失败。

其次，我们要从固定思维向发展思维转变。在一个变化不大的世界，执行力是第一位的，抄作业、弯道超车、最佳实践、不断优化是常态；在一个快速变化的世界，想象力成了第一位，创新能力、不断试错、拥抱失败、发现自己、开放心态、冒险精神变得更为重要。

再次，我们需要分清楚局部与整体、短期与长期（当下与长远）的相互关系。局部的最优并不能简单等同于整体/系统的最优，如果无法找到核心问题，短期的药方很可能让问题越积越多。

最后，我们还需要拥有进化的视角。在外部环境不变的情况下，竞争和持续的优化是理性的选择，但在外部环境多变的情况下，进化出更多的可能性，多样性的想法、多元的尝试才能确保我们适应变化，而不是被时代所淘汰。《纳瓦尔宝典》提到四种不同的运气。第一种运气是天上掉馅饼的运气，完全偶然。第二种是探索带来的好运，通过不断努力、不断闯荡、不断尝试，撞到的运气。第三种是修炼眼光得来的好运，通过修炼判断力，比别人更早看到机会，并敢于下注。第四种则是名声赢得的运气，声名在外，好事自然来。

第二种和第三种的运气恰恰是寻找踏脚石和成为寻宝人的运气，而这种运气与科学方法、探索的努力和冒险的精神息息相关，也是重塑时代最需要的精神。

重新定义智慧

重塑的时代需要重新定义智慧。在一个加速改变的世界,在一个年轻人并不认为老一代有多牛,经验迅速折旧,代际鸿沟越来越深的世界,到底什么是智慧,尤其是老一代希望传递给年轻人的智慧?

智慧,早已不能仅靠由年纪积累起来的经验。这样的经验,除了在教导一些人在如何待人接物上可能还有点用之外,在剧变的时代没有太大用处。智慧,必须基于终身学习。年纪大了仍然要学习,才可能拥有智慧。但这也只是必要条件。智慧还需要花时间去了解与自己不同年纪的人是怎么看世界、想问题、遇到什么新问题,并站在他们的视角去看这些问题。积累的经验、终身学习的新知,以及面对现实问题站在他者角度的换位思考三点结合起来,才能构成真正的智慧。

从智慧出发,可以重新定义终身学习,核心就是带着年轻的心态和年轻人的视角,带着新鲜的问题去学习,就能真正做到老而弥新。如何鼓励多样性、推动创新,落脚点在学习。这里的学习不是对标准答案的学习,不是抄作业,而是在全新环境中习得新的内容,懂得如何更好地应对复杂的新问题。

美国天体物理学家尼尔·德格拉斯·泰森在《星际信使:宇宙

视角下的人类文明》*中提出,你只有走出洞穴才能理解洞穴问题。执行与学习,当下和长远,也是需要我们走出洞穴才能更好地理解的。

洞门之外潜藏着洞察事物的视野,不仅有新的目的地,还有看待事物的新方法。

首先,我们需要意识到,可以走出山洞,山洞并不是全部。让我们感受到焦虑的并不是全部世界,有更广阔的空间可以探索,这也是星辰大海最基本的定义。

其次,我们需要迈出这一大步。很多时候,待在山洞里是功利性的体现,走出山洞就需要我们跳出那个我们认为成功/失败、好/坏的场域,到一个新的场域中去。

再次,我们需要拥抱未知。在山洞里一切都熟悉,虽然你可能觉得不满;走出山洞,并不知道外面的世界会有什么惊人之处。但保持好奇心,持续探索,并让全新探索的结果帮助我们对山洞里的问题建构新的思考框架,才是推动进步和发展的主要动力。

结语

最后,我想以胡适在 20 世纪 40 年代给大学毕业生的一服中西

---

* [美]尼尔·德格拉斯·泰森:《星际信使:宇宙视角下的人类文明》,高爽译,中译出版社 2023 年 5 月版。

合璧的三味药作为总结。这三味药分别是问题丹、兴趣散、信心汤。

胡适强调,大学学习最重要的习得应该是提问的能力、质疑的能力,提出假设,或者针对别人提出的观点,通过科学实验来证明或者证伪的能力,而这种科学思维也让我们能够挑战权威,不会陷入盲信盲从的境地。问题丹暗合 AIGC 时代的"问题即答案"的大趋势,AI 具备快速学习所有人类智慧的能力,但人类仍然拥有绝对的提问优势。

胡适鼓励年轻大学毕业生拥有广泛的兴趣。广泛的兴趣不仅能丰富每个人的工作和生活,也会推动跨界思考,让每个人都有机会成为探宝人,发现自己熟悉领域之外的踏脚石。在胡适的时代,汉迪还没有提出第二曲线,但每个人构建自己人生的第二曲线特别重要,尤其是在职业变化剧烈的当下。

胡适希望每个人都能喝下信心汤。信心汤不是迷魂汤,也不是每个人听老先生一番话就能信心百倍。信心汤一方面希望每个人都具备长期主义的观念,放眼长远,不因眼前的困难而气馁,另一方面则希望每个人都拥抱复利原则,坚持每年都有正向的成绩,日积月累,十年之后会发现自己比身边的很多人都更出色。最终,信心源自相信持续的努力在长时间尺度会给自己带来更好的结果。

放眼百年,历史会不断重复。未来充满不确定性,并不是当下这一时代的独有。唯有保持开放的思想,拓宽视野,终身学习,方能增强韧性,参与时代的重塑,走在繁荣而自信的道路上。

企业家与商业

SpaceX 的从零到一

2006 年 SpaceX 的猎鹰 1 号火箭第一次发射失败,原因是一枚价值仅 5 美元的铝制螺栓在饱含盐分的海风里被腐蚀。SpaceX 为什么选择在大洋深处的夸贾林环礁上发射火箭需要另一个故事来介绍。但因为发射前螺栓被海水腐蚀到出现裂纹,导致第一级火箭发射后管道漏油着火,也摧毁了马斯克想迅速成功发射的火箭梦。

2007 年,SpaceX 迎来了第二次发射失败。相比第一次,马斯克其实已经获得了巨大的成就,最初只是星际探索的门外汉,领导着一家创立只有几年时间的初创公司,在第二次发射就几乎完成任务。在此次发射中,第一级火箭完成使命,一、二级火箭成功分离,二级发动机顺利点火,卫星整流罩分离,最终因为小的偏差导致第二级火箭并没有能够成功入轨。

2008 年的第三次发射失败要心酸得多,原因是没有为一、二级火箭分离留下两三秒的足够时间差,以至于第一级火箭接受了关机的指令,但管道里最后残留的一点燃料仍然增加了一点点的推力。在太空中,就这么一点推力让一级火箭在关机之后仍然撞上了二级火箭的红隼发动机,导致二级火箭翻滚着失去控制。

第三次失败把 SpaceX 逼到了墙角。马斯克只能扮演破釜沉舟的项羽，背水一战，用仓库里最后剩下的零部件拼凑出一只火箭，在第三次发射失利仅八个星期之后，赌上所有又进行了一次发射，结果完美无瑕，绝处逢生。

从 2003 年到 2009 年，马斯克个人投资了 1 亿美元去开创私人航天的新纪元。此前火箭发射一直被为数不多的几个大国所垄断，而大国火箭发射的思路普遍采用"制造法拉利"的思路，以举国之力打造火箭产业，为数不多的几家供应商从国防预算中尽可能多地压榨利润。相比之下，马斯克的思路很简单，他想在火箭发射领域建造"皮实的本田雅阁"。"每次发射都用法拉利太浪费了，这原本就是一台本田雅阁可以完成的事情"，马斯克常常把这句话挂在嘴边。

由资深航天记者艾瑞克·伯格撰写的《冲向火星：马斯克和 SpaceX 的初创故事》*，以及《硅谷钢铁侠：埃隆·马斯克的冒险人生》的作者万斯的新作《当天堂开始出售》(*When the Heavens Went on Sale*)，**记录了 SpaceX 早期成长的历程。两本书都给了我们深刻的启发：一方面 SpaceX 的草创经历值得细细咀嚼，另一方面"从零到一"在私人航天取得开创性成绩也展现了马斯克独特的管理风格：识人善任，快速决策，问题导向，并行思考，勇于尝试，野心勃勃。

---

* ［美］艾瑞克·伯格：《冲向火星：马克斯和 SpaceX 的初创故事》，张含笑译，花山文艺出版社 2023 年 6 月版。

** Ashlee Vance, *When the Heavens Went on Sale：The Misfits and Geniuses Racing to Put Space Within Reach*, Ecco, 2023.5.

马斯克一系列创新创业的成功把他推上神坛,但其实他成功最根本的原因还是识人善任。

马斯克和他的"十八罗汉"

马斯克是研制火箭的门外汉。在 PayPal 的一次"宫廷政变"中,马斯克被彼得·蒂尔赶下了台。PayPal 卖给 eBay 之后,马斯克成为硅谷新晋的亿万富翁,私人航天成了他的下一个兴趣点。与许多有钱无聊进入私人航天的大亨不同,马斯克对航天真的充满兴趣,不仅因为儿时的梦想,更因为他看到气候变暖和其他人类社会的挑战都需要人类在宇宙中留有后备计划,殖民火星是必然的选择,而要真正能够殖民火星必须将火箭发射的成本降下来。在世纪之交,虽然哥伦比亚号航天飞机事故还没有发生,但 NASA 貌似步入迟暮之年,缺乏进取心,这就让马斯克寄望于私人资本解决火箭发射的性价比问题。

和钻研任何问题一样,马斯克一旦关注航天,一定会躬身入局,不仅广泛阅读苏联的火箭资料,试图从俄罗斯购买火箭发动机,还积极加入南加州火箭兴趣爱好者的社群中。社群的会员突然发现经常在活动上碰到这位穿着入时的年轻硅谷新富,而且他问的问题还都不简单。马斯克很清楚,自己不仅要懂得火箭发射相关的问题,更重要的是聚拢一批专家为自己效力。

十年之后,密歇根大学空间工程专业的教授祖布坎在《航空周刊》上撰文,说过去十年这个专业最牛的十名毕业生中有五名都加盟了 SpaceX。猎鹰1号试射成功之后,马斯克专门请祖布坎来公司参观,款待之余,提出了自己想要请教的问题:名单上另外五个学生都是谁呀?问题问完,祖布坎才意识到,自己并不是会面的重点,猎鹰1号的发射成功推动 SpaceX 步入发展的快车道,马斯克要扩大招人,想把另外五名优秀学生也招致麾下。

在 SpaceX"从零到一"的发展过程中,马斯克面试了整个3 000多人的创始团队,在每人身上花了30分钟左右。1 500小时是个巨大的数字,占据了马斯克大多数晚上和周末的时间,其中不少人成为 SpaceX 创业过程中重要的"十八罗汉",包括后来成为公司 CEO 的格温·肖特韦尔。

马斯克识人善任,有自己的判断力。他面试人有三条标准:是否有解决问题的思路;是否能有肯干的精神,能够成为团队的骨干;是否能够"多快好省"地帮助他建造火箭。一旦马斯克认为可以的人,他会不遗余力去推动他加入,比如他曾经给谷歌的老板佩吉打电话,帮助一位潜在雇员在谷歌工作的妻子从硅谷转岗到洛杉矶。

当然,马斯克有他独特的感染力。他善于将美好的愿景、个人魅力、大胆的目标和丰沛的资源揉捏到一起,让团队接受"万事皆有可能"的信念。他也多次撸起袖子亲自下场与团队一起干活,解决问题,赢得团队的尊敬。

"十八罗汉"中的一些人是航天行业的老人,供职于 NASA 主要的几家火箭供应商,马斯克的出现为他们四平八稳的生活带来了巨大的冲击,需要他们在优渥却无聊的生活与压力巨大但充满挑战的工作之间作出选择。

马斯克的领导力

光有一个强有力的团队还不够,在 SpaceX 的发展过程中,马斯克展示出自己在三方面过人的领导力。

第一,扁平团队,充分参与,打破常规,快速决策。

作为 SpaceX 的"总机械师",马斯克善于解决工程和财务问题,他经常与工程师一起探讨如何解决问题,然后提供足够的财力来解决问题,避免精打细算的财务管理者的掣肘。当然这并不意味着马斯克纵容浪费。做到这一点的前提是马斯克很懂得到底什么值得投资。此外,他有迫切的愿望把事情做成,会当机立断作决定。

在私人航天业,一个大家熟知的规则是,建造火箭背后的"火箭科学"理论知识谁都懂,能不能真正造出可以安全发射的火箭,关键在于能不能真正花费大量的时间努力,即不懈努力、能不断解决问题的机械师。马斯克恰恰是这样一个人,能不断推动团队解决问题。

在 SpaceX 发展的最初几年,马斯克专注而投入,会把一周超过一半的时间花在私人航天领域,其中八九成的时间用在解决工程问题上,制定设计方案,优化从采购零部件到建造发动机、火箭和飞船的全流程。

第二,"胡萝卜＋大棒",挑战不可能完成的任务。

马斯克的管理完全是问题导向的,他帮助团队梳理问题,一方面给团队提出不可能完成的目标,另一方面他也能够包容失败。

在短短不到五年的时间内 SpaceX 能进行四次火箭发射,前提就是团队在马斯克不断催促下披荆斩棘地解决各种技术问题。马斯克提出不可完成的任务,"洗脑"推动更多人去完成"没有不可完成的任务"。

比如第三次发射前,一个电路板需要替换,需要在美国大陆采购,再从太平洋深处的夸贾林环礁派人"人肉接力"取回。真有一位同事 60 小时没有合眼完成了"人肉接力"。在乘上马斯克的私人飞机返回夸贾林环礁的回程中他原本想要补补觉,哪知道马斯克一路上一连串连珠炮的问题让他哪怕小睡一刻也不可能。

当然,马斯克愿意花钱尝试。他的团队不需要像其他公司一样,在尝试之前要弄清楚万一失败了要承担什么后果。马斯克的方式很简单,遇到问题先尝试,如果行不通就再卖出去,如果卖不掉就当交学费。比如,为了压缩准备发射的时间,团队在夸贾林环礁上安装了一台制造液氧的机器,最终机器在一次断电事故中被烧毁。

第三,马斯克特别擅长多线程思维或者平行思维。

马斯克可以同时思考几件重要的事情,这不仅体现在他同时管理着几家创业公司(特斯拉、SpaceX),也体现在他比别人看得都远,并不纠结于当下正在做的事情。这一点非常了不起,也是他能够取得一系列成功的主要原因。

在猎鹰 1 号还没有试射成功前,他已经在与团队讨论动能更强劲的猎鹰 9 号火箭的设计,甚至进一步思考由三枚猎鹰 9 号捆绑而成的猎鹰重型火箭。这种超前的思维,一方面是马斯克个人的风格,另一方面也是 SpaceX 的商业模式所决定的。如果马斯克只停留在小火箭领域,那么就不可能完成自己的野心。他能在猎鹰 1 号火箭还没有试射成功就考虑更多未来的发展,因为猎鹰 1 号从来不是他的目标。它只是完成马斯克野心的第一步,是重要的踏脚石。

创新需要垫脚石和加杠杆

SpaceX 的成功与马斯克多线程思维分不开。他并不聚焦于某一次发射的成功与否——虽然在很多情况下,每一次发射都与公司未来命运息息相关——他更关注能否达成他给 SpaceX 设定的殖民火星的使命。

为达到这一目的,马斯克需要一系列的垫脚石,他的专注力也一直放在每一块垫脚石上。在很多情况下,垫脚石与最终的目标不同,但垫脚石会开启诸多可能性。马斯克关注的垫脚石有三重。

第一重,证明私人可以严肃地参与航天项目。这是为什么马斯克愿意自己掏1亿美元尝试猎鹰1号发射的原因。猎鹰1号是垫脚石,证明私有企业与私人资本可以通过与政府合作,在太空事业上作出一些伟大的成就。但猎鹰1号一旦发射成功,就不会再被重视,因为它不会是SpaceX的主业,真正想要进入商业航空领域,猎鹰9号、龙飞船、星舰才是真正的目标。马斯克懂得怎么去一步步推进实现自己的目标。

第二重,能撬动起美国政府的资金,尤其是军方和NASA的资金。

这一点,后来成为SpaceX CEO的肖特韦尔功不可没。她作为销售主管加入SpaceX的时候,公司尚未有过一次成功的发射经验。她在航天业的经历让她很好地成为公司与军方和政府客户衔接的桥梁。在得到马斯克的信任之后,她不断拓展自己的工作半径,成为能够撬动美国国防部和NASA资源的人。

最初她帮助公司赢得马来西亚政府发射小卫星的600万美元合同和DARPA(国防部研究局)千万美元级别的资金投入;接着她在第二次火箭发射获得一半成功后,让SpaceX入围NASA的私人火箭运营商,赢得2.78亿美元的合同;然后,在2008年火箭第四次发射终于成功之后,她成功让SpaceX赢得NASA的补给任务合同,成为国际空间站运输舱和龙飞船的供应商,获得了对后续发展至关重要的10亿美元。美国政府和军方的投入为马斯克提供了快速发展的金融杠杆。

　　第三重，马斯克为了完成自己的火星梦想构建的垫脚石。这需要马斯克从一开始就选择一条完全不同的发展路径。在火箭设计是选择线性设计还是迭代设计时，马斯克赌上了传统火箭制造商不会采用的迭代设计。

　　线性设计是传统火箭建造商的选择。它要求先设定一个初始目标，再明确达到目标所需的条件，然后通过无数次测试确保各个子系统符合要求，最后才把这些子系统组装到一起，构成火箭的主要部分——架构、动力、电气。线性设计在进入开发阶段之前需要花费数年时间来做项目的工程策划。一旦开始制造，再对设计或者需求进行修改将非常困难。换句话说，这个系统是紧耦合的系统，而不是简单的模块化的系统，开发时间长，容错率低，但如果测试成功，安全系数也更大。

　　马斯克选择的方式是迭代设计。虽然这也需要从一个目标出发，但很快会跳转进入概念设计、台架测试和原型开发环节。这几乎是贯彻了"干中学、学中干"的精髓，不断测试是重点。其精髓是尽快进行样机制造和测试，发现漏洞，再作调整，不断重复，让工程师在早期的原型机中捕捉到主要缺陷，继而完善设计，持续迭代，不断完善。

　　马斯克一直贯彻迭代设计，在猎鹰1号获得成功之后，马上进行火箭可回收的尝试，在完成猎鹰9号火箭第一级可回收之后，SpaceX在商业航空领域内"多快好省"的基础和口碑也就奠定了。

"雨林法则"培育创新生态

猎鹰 1 号发射成功不到一年之后,2009 年 7 月猎鹰 1 号第一次也是最后一次商业发射,把马来西亚卫星发射升空。猎鹰 1 号可以送入轨道的载荷是 1 000 磅,不到 500 公斤,只能算是小火箭。但 SpaceX 希望竞争的领域是重型火箭,能够运送大卫星和载人航天器的火箭。所以猎鹰 1 号成功之后,马斯克立刻扩大了猎鹰家族,猎鹰 9 号成为主力,猎鹰重型火箭所驱动的星舰成了他的下一个目标,猎鹰 1 号反而被放弃了。

马斯克这么做给更多初创企业以发展空间。用马斯克所推崇的"雨林法则"来演绎,SpaceX 在航天的雨林中开辟了一片新天地,证明私人航天大有作为,而留下的缝隙——也就是猎鹰 1 号可以承担的中小卫星发射市场——可以被更多航天业的初创企业所占领。

SpaceX 所开创的私人航天业,也不只是涵盖火箭一个领域,而是包含了火箭、卫星、发射、探索、旅游等各方面的一个生态圈。

马斯克私人航天的创业理念并不复杂,他认为火箭本质上很简单,制造火箭并不需要最高精尖的技术和材料,消费电子的快速发展足以满足火箭所需,也可以承受外太空的恶劣条件。这一想法也深刻地影响了卫星产业。

在 SpaceX 出现前,卫星产业同样由政府主导,卫星通常重达几吨甚至十几吨,像一辆小卡车甚至是小巴士,成本至少上亿美元。因为贵重,所以卫星制造者和使用者都希望卫星的工作年限在十到二十年之间。相比地面技术的突飞猛进,要让技术还停留在十多年前的卫星仍然能够运行自如,变得越来越困难。

小卫星随着私人航天应运而生,从火柴盒到箱子再到电冰箱大小,品类繁多。与马斯克造火箭的道理一样,小卫星同样用消费电子级别的元器件组装,在轨时间四年左右,成本在几十万到几百万美元之间。私人火箭和小卫星的出现使整个航天业的商业逻辑发生来巨大变化。原先一颗卫星上亿美元,在轨时间非常长,发射的可靠性因此需要非常高。现在小卫星服役期限短,可以随着地面技术的变化而不断迭代,中小火箭可以更高频次地发射。卫星加火箭发射的整体成本降低之后,整个行业的容错率也大大增加,加速了行业的繁荣。马斯克自己也推出了全新业务,由成千上万颗小卫星组成的航天通讯公司——星链。

SpaceX 的"从零到一"是打破因循守旧的创新之旅。要取得突破,需要想人之所不能想,更需要万分投入的努力。

打破常规、冒险成瘾的马斯克

马斯克测试自动驾驶最简单的方法就是开着自己的特斯拉 S 从洛杉矶的家前往特斯拉的总部，在不到一个小时的车程里看看自动驾驶模式需要自己接管几次。早期自动驾驶非常依赖对铺装路面的识别，洛杉矶有一段高速弯道的行道线磨掉了一直没有修补，自动驾驶一到这个路段就会出错，有一两次甚至几乎酿成事故，每次都会引发马斯克的震怒。

马斯克坚持特斯拉的自动驾驶应该完全依赖摄像头识别，因为从"第一性原理"出发，最好的自动驾驶就应该向最好的人类司机学习，而司机驾驶只依赖眼睛来判别。这是大语言模型还没有出现的时代，自动驾驶的视觉系统依赖对铺装路面的识别，行道线一旦不清晰，机器就可能发蒙。

怎么办？为了避免每周例会上总是挨骂，特斯拉自动驾驶团队准备亲自下场做一次道路修理工，计划在凌晨三点租一台划线车，封闭洛杉矶高架路段一小时，自己 DIY 划线。最后还是有朋友联系到了洛杉矶公路署，走了后门，满足了他们参观 SpaceX 的好奇心，第二天公路署就派人重新划好了行道线。

随着沃尔特·艾萨克森的《埃隆·马斯克传》*的出版,类似马斯克和他企业帝国旗下各路公司的小故事比比皆是。加上航天资深记者艾瑞克·伯格撰写的 SpaceX 传记《冲向火星:马斯克和 SpaceX 的初创故事》和《华尔街日报》科技与汽车专栏记者提姆·希金斯撰写的特斯拉传记《极限高压:特斯拉,埃隆·马斯克与世纪之赌》**,关于马斯克和他创建公司的传记可谓汗牛充栋。不过我还是觉得这则故事比较传神地展示出马斯克的管理方式。

首先它展示了马斯克的"冒险精神"和偏执狂一面。自动驾驶亲自测试,在高速公路上好几次几乎出事故,他震怒的是机器不给力。马斯克认定了视频识别是方向,就是不愿意给车配置雷达和更高效的 Lidar(激光雷达),倔劲十足。

其次它凸显了马斯克独特的做事方式和管理风格。他是第一客户,他是终极产品经理,团队对他提出的要求要想尽办法来解决,"如果常规的办法解决不了,就尝试非常规的"。当然,这种高压也是双刃剑,在很多时候能带来意想不到的突破,但也可能逼出狗血剧情。

最后则暴露出马斯克管理的软肋和自身的盲点。一个"恐惧"主导的企业文化显然不健康,下属如果不敢带来坏消息,马斯克的信息茧房就会越积越厚,而如果自己总是居于关键决策的中枢,无论

---

* [美]沃尔特·艾萨克森:《埃隆·马斯克传》,孙思远、刘家琦译,中信出版集团 2023 年 9 月版。
** [美]提姆·希金斯:《极限高压:特斯拉,埃隆·马斯克与世纪之赌》,上海译文出版社 2023 年 9 月版。

是情绪用事,或者是心力不济——毕竟平行管理六家公司创造了世界纪录——都可能影响决策。

风险偏好爆棚

马斯克最大的特点是他对待风险的态度与常人不同。他的风险承受能力超乎常人,冒险对他而言是一种推动前行的"燃料"。

想要平行创业就要能承受巨大的压力,一边是寻求技术突破的焦灼,另一边则是融资的捉襟见肘。在 SpaceX 和特斯拉齐头并进、平行发展、努力突破的那几年,马斯克承认自己不断要"从无到有"地变戏法。所不同的是,一般人最多玩八个锅七个盖子的游戏,他玩的则是八个锅三个盖子的游戏,难度系数惊人。

马斯克有着超人的风险偏好,也有着超人的风险承受力。特斯拉有好几次因资金枯竭而濒临破产,SpaceX 也是如此,但马斯克都能够坚持挺下来,因为他相信未来,也愿意为自己认定的未来不止一次赌上身家性命。

按照贝宝帮的重要成员、领英创始人霍夫曼的观察,拥抱风险需要赌性,而马斯克属于那种习惯赌上身家性命,而且不愿意下场休息的那种人,也只有这么做,才能获得一系列的成功。另一位贝宝帮大佬彼得·蒂尔的评价则是,马斯克对风险的理解是我们大多数人都不具备的。

马斯克有一种对稳定的天然逆反情绪,对冒险则极度上瘾。这也体现在他的情感生活中,吵架是常态,安安静静过日子是不可能的。按照他第一任妻子的说法,马斯克用专注替代了亲密,而专注的当然是事业。

马斯克的冒险并不是盲目的。他之所以选择承担风险,是因为他认为不冒险就做不成事情,推动不了改变。冒险就是要挑战既有的做事模式,打破规则,简而言之就是不遗余力地去做减法。

马斯克经常在不同场合推广的方法之一是"五步算法",步步递进。

第一步最重要,他要求团队质疑所有的规定。所以如果有人说按照规定不能做什么,或者必须做什么,就首先要问清楚,这个规定是谁制定的,绝对不能说是某个部门。只有溯源到有名有姓具体的规定制定者,才能知道这个规定出台的背景,也才能找到是否有删减的空间。

第二步是删减所有可以删减的步骤,而且要做到宁缺毋滥。马斯克提出只有最终需要再把 10% 精简掉的规定复原,删减才到位。前两步做完了之后才是简化和优化;加速循环,加快做事的速度;最后是自动化。

马斯克的这一"五步算法"来自自己经历的教训。2018 年,特斯拉 Model 3 量产爬坡前,因为马斯克认定未来的制造工厂应该尽可能自动化,在工厂里塞满了机器人,结果因为机器人缺乏灵活度,而生产流程根本没有梳理好,屡屡出错,产量告急,逼得马斯克不得不拆除大量机器人，以人工替代，才勉强达标。经此一役，马斯克承认错误：只有在整个制造流程优化完成之后才能考虑自动化，而且机器的高效率必须辅之以人的灵活度。这是当然的，马斯克自己的规定同样需要被质疑。

做减法也能更聚焦潜在突破点。美国的航天业在马斯克进入之前被波音等大公司把持，这些公司按照成本加成的做法，获得NASA稳定的订单，自然不愿意冒险。其结果是很多政府项目往往预算超标，工期超时，就连最基本的向国际航天站供货的任务都一再被推迟。汽车行业同样如此，百年车企形成了一套自己的造车规则和进度表，五到七年的换代周期，每年修修补补的小更新，很多做法都心照不宣，大变革很难实现。马斯克彻底颠覆这些行业的做法就是做减法，挑战这些心照不宣的要求，不断冒险。

这些冒险一方面是打破游戏规则，挑战各种官僚制定的要求，另一方面则是快速决策、快速失败。这是马斯克冒险的另一大特点。马斯克的决策哲学强调速度，他认为与其花时间完善假设，不如飞快做一个能迅速撤销的决策。换句话说，他一而再、再而三把硅谷互联网的创业哲学运用到硬件制造当中。他很想把事情做成，会当机立断作决定。

冒险的同时马斯克也愿意承担责任，他不会把失败的责任推诿给其他人，这在SpaceX的火箭发射过程中经常出现。火箭发射经常因为新问题出现而被叫停，负责的工程师会告诉马斯克出现了哪些新风险，他往往自己计算了一番，然后拍板决定是否继续发射，这样他自己也就肩负起最重要的职责。

从第一性原理到设计思维

马斯克不仅爱冒险,也爱设计,他喜欢把设计思维贯穿生产制造流程。他特别推崇第一性原理。简言之,第一性原理强调除了物理定律必须遵守之外,其他的规定和假设都可以被质疑、被删减。从第一性原理马斯克推导出生产制造的第一个原则,他称之为"傻瓜比率"(idiot ratio),在生产制造中应用就是去衡量一个产品其总成本与原材料成本之比,比率越大,降本增效的空间就越高。

"傻瓜比率"体现了马斯克特有的分析思路。如果傻瓜比率特别高,那意味着材料建成零部件的流程和工艺特别复杂(当然也可能因为多重经销商经手导致价格虚高,这时候减少交易环节就可以降本增效),而复杂的工艺也意味着量产比较难,或者良品率低,两者都会提高单位成本。由此推导,傻瓜比率是一个比较好的经验法则。傻瓜比率越高,意味着越有机会通过重新设计,减少复杂度,引入更简练的工艺来达到降本增效的效果。

从第一性原理出发推导的第二个重要原则是设计思维在制造领域的全面应用。无论是在 SpaceX 还是在特斯拉,马斯克都强调设计师和工程师需要深入生产第一线,把工位就放在制造车间的旁边。

这首先是软件与硬件深度结合捆绑的思考。与上一代在车库里创业的人不同,马斯克这一代不再是习惯在物理世界中动手的一帮人,不再会拆卸电脑、自己修汽车,他们更擅长编程。但马斯克又有所不同,他仍然延续了上一代人那种"自己动手"的能力——在上大学的时候,他拥有一台开了 20 年的老旧宝马 3,经常需要自己修车——且他又会编程。这一特点让他比常人更清楚设计和制造之间的关联。

其次,从第一性原理出发,马斯克特别在意首先找到问题的症结。如果问题是设计失误,那么在工厂里再怎么优化都是白做工。找到问题的症结,而不是一开始就修修补补,或者优化,这就需要设计师、工程师深入制造一线。在一些情况下,马斯克甚至让设计师成为整个项目的负责人,这就加速了从设计到制造的循环和迭代。马斯克一再强调做减法的"五步算法"延续的是同一思路,必须抽丝剥茧,做好删减之后,才能开始优化,这样才不会因为设计的失误导致生产制造的瓶颈。

第一性原理还体现在创新和突破上,而设计思维特别强调跨界。马斯克看到玩具车的车身一体铸造,就推动团队学习,结果就定制了大型车身一体式压铸机,开汽车行业之先河,6 000 吨的压铸机用于 Model Y,9 000 吨的则用于电动卡车 Cybertruck。再比如 Cybertruck 的外表材料,就选用了与星舰火箭外层同款的特种钢材料。特种钢不仅便宜实用,而且其坚固特性又推动设计团队重新设计皮卡车身,让坚固的钢材成为皮卡的外骨骼,在承载性和操控性之间找到了更优的平衡。

由此也衍生出马斯克非常规的管理思维。

他认为同事之间的友爱是有害的。因为相互之间关系太好,就无法对彼此工作提出挑战。而马斯克认为工作场景中必须有质疑精神。在很多场景中,质疑精神、敢于相互批评的确很重要。

他认为犯错没问题,有问题的是特别自信地犯错。最近出版的《正确地犯错》(*Right Kind of Wrong*)*也提到类似的问题。错误可以分为两种,一种是应该避免的错误,另一种则是犯错之后反而有机会让我们发现新的问题或者开启新的思路。马斯克所谓的犯错没问题,讲的就是后一种错,即在尝试和冒险过程中面临的失败或者失误。自信地犯错则带来两方面的问题。一是对错误没有审视的能力,二是一条路走到黑不认错的蛮劲。要知道,马斯克有时候虽然做事专断,但的确可以说能做到有错必改,且愿意承担错误的责任。

他特别强调团队需要有吃苦的精神,或者说死磕的精神。他特别不喜欢团队找出各种理由而不去解决问题。吃苦精神也是马斯克选人的首要标准。他有一句名言:(工作的)态度是很难改变的。改变态度需要大脑移植。一个好的(工作)态度就是愿意非常狂热地苦干。

---

* Amy C. Edmondson, *Right Kind of Wrong*: *The Science of Failing Well*, Atria Books, 2023.5.

他自己的工作方式则是多线程,可以同时处理不同企业不同领域的工作,这也是他能同时担任六家企业 CEO 的原因。而他组合团队则特别喜欢"合成营"的做法。合成营是军事术语,是伞兵团的主要建制。伞兵团是特种兵,深入敌后,简练精悍,却又是多元团队。此外,伞兵团最大的不同是,领导者就在现场也必须在现场,可以根据占地状况,当场作出指挥。他自己跨界管理就是合成营,而他也特别喜欢成为深入敌后的合成营领导。

无论是在 SpaceX 还是在特斯拉,马斯克都善于组建合成营。合成营让他可以挑战传统的做法,合成营里有和他一起创业的硅谷精英,有从传统行业跳槽过来的专家,也有后期从大企业挖过来的高管。合成营还可以有效推动马斯克所提倡的"软件+硬件"的设计思维。

当然,合成营也有助于马斯克推动特有的解决问题机制,即打破旗下公司的边界,横向调动资源,推动不同公司之间共享知识,尤其是工程和设计方面的知识。将星舰使用的特种钢运用在卡车上就是经典案例。

从他进入推特之后的一系列做法就不难看出他的倾向:他更倾向筛选出一小群真正牛的人来攻坚克难,最不待见臃肿的团队里有人滥竽充数。所以他收购推特的第一件事就是派出自己的心腹组成"合成营"空降其中,为推特的码农的能力打分,开除大部分他认为不合格的人。

信息茧房

马斯克的确能筛选出一批杰出的人,在不同时期加入马斯克的团队。但他能留住人才吗?这是马斯克在许多行业完成了"从零到一"之后面临的最大挑战。

大多数特斯拉员工对加入特斯拉的那一段经历都绝口称赞,认为那是自己职业生涯的高光时刻,也能够跟随着企业快速迭代成长。的确,在不到二十年时间特斯拉就完成了 1.0 到 3.0 的跨越。但恰恰因为马斯克经常情绪用事、武断决策,制定不可能完成的任务,经常制造压力锅式的工作环境,让他们许多人选择在股价上涨之后行权走人。

马斯克自己很喜欢新鲜血液,最担心那些打电话过来辞职的人,尤其是那些跟随着公司成长已经赚到财务自由的人。但他缺乏换位思考的能力。激发他不断前进的可能是不断地创造苦难、创造压力、创造困难。大多数人做不到一直吃苦,在苦拼了一段时间之后,他们会选择自己的道路,或者享受人生。

艾萨克森在《埃隆·马斯克传》中如此评价马斯克的这种冲动冒险之举:他不断创造戏码,因为他需要大量的刺激才能让自己精神焕发。马斯克自己也向艾萨克森坦承:你不能总是处在濒死边缘的求生状态,总是肾上腺素极高还能让自己不受到伤害。在另一次对话中,他更是承认自己最后悔的就是为什么总是在大腿上插叉子,搬起石头砸自己的脚。

但他这种上瘾状态又导致他会不断去追求刺激,追求下一个风险,而且是裹挟着整个公司、整个团队跟他一起去冒险。他甚至把这种不断冒险的压力锅状态总结为自己的管理经验之一:希望团队每时每刻都能保持强烈的紧迫感,他担心一旦缺乏这种紧迫感,大家的动作就会走形,速度就会放慢,错误也就会增多。为了维持这种紧迫感,他会不断去搞事情,情绪一来,看上了某个问题,他就会无比纠结,事无巨细亲自过问。他认为只有增加一些压力,才能暴露出系统中的问题。

如果说早先八个锅三个锅盖的时候,需要马斯克这样个人英雄主义地不断救急,因为那是草创阶段,环境所迫,资源有限,而且他所进入的领域都需要打破常规,但等到企业在快速发展的阶段,比如特斯拉 Model 3 产量爬坡阶段,马斯克的"瞎指挥"就已经出了问题。好在那时候的马斯克还比较能够从错误中学习,也愿意承担自己的责任,最终当特斯拉走出"出生地"之后,以超级工厂作为方法的确帮助它更快跻身全球一流车企的行列。

可是马斯克收购推特之举则凸显了他的随心所欲,成了毫无节制的"顽童"。这种被冲动驱使,不断搞事的行径,很可能反过来害了公司。

马斯克经常对下属说:如果你有负面想法,或者你认为某些事情无法在(马斯克武断制定的)最后期限前完成,你不会被邀请加入下一次会议。这种以个人态度来评价人,以轻易炒鱿鱼来威胁人的公司文化显然很不健康。

害怕或者盲目自信并不能自动帮助人把事情做好。相反,这只会催生出三种人:盲目的追随者——也就是马斯克最喜欢的红牛派(把功能饮料红牛当作汽水喝,不断加班的人);哈巴狗——那些不敢质疑老板决策或者害怕带来坏消息的人;还有就是两面人,说一套做一套,对老板不切实际的想法不会马上说不——因为这么做就可能导致自己被炒鱿鱼——而是说自己会尝试,未来也是边做边看,如果无法达成,换个时机告诉老板为什么完不成。这三类人太多,意味着积极做事直言不讳的人反而很容易流失。

马斯克的确有超乎常人的智力,也的确一直能变换出惊人的戏法。不过芒格就曾经点名马斯克,说"有一种人,智商达到 190,但是他们以为自己的智商有 250。这种人,我最怕了,马斯克有点类似这种人"。虽然芒格仍然承认马斯克"确实是个天才",但他和巴菲特一直没有投资特斯拉。

在马斯克企业帝国的发展史上,有太多因为马斯克一意孤行、打破传统,给出不可能的时间表,结果带来突破的案例。但如果没有人能改变马斯克,他自己也不寻求改变的话,他的行事法则在未来到底是公司的资产,还是累赘?

许多牛人选择离开马斯克的企业帝国,因为每个人都有自己的保值有效期,在企业成长的过程中,团队需要不断迭代来适应全新的挑战。

马斯克有自己的保质期吗?已经更名为"X"的推特的走势或许能很快给我们答案。

下一个《纸牌屋》

"你觉得阿尔巴尼亚军队能征服世界么?"2010 年 12 月接受《纽约时报》采访时,时代华纳的 CEO 杰弗里·比克斯(Jeffrey Bewkes)对奈飞不屑一顾。阿尔巴尼亚是小国,比克斯言下之意,相比时代华纳旗下以原创美剧著称的付费有线电视频道 HBO,刚刚崭露头角的在线流媒体平台奈飞根本就是蚍蜉撼树。

奈飞的 CEO 哈斯廷斯没有直接回应。他知道,对手越是轻视自己,越体现对手的自大,对手的侮辱也恰好可以用来鼓舞士气。在年末的高管年会上,哈斯廷斯煞有介事地讲述了阿尔巴尼亚的历史,会后他给每一位高管准备了一份礼物:一顶迷彩的贝雷帽,上面印着阿尔巴尼亚国徽上的双头鹰。

到了 2022 年末,重回迪士尼执掌帅印的艾格接受《纽约时报》采访时感叹道:"我有一天半夜醒来,突然意识到我们所做的其实是在向一个第三世界国家出售核武器,现在它开始将核武器指向我们了。"十多年前,流媒体发展的早期,奈飞向包括迪士尼在内的各大媒体集团求购影视的流媒体播放权,面对送上门的"免费午餐",迪士尼等大多数媒体集团都安心笑纳,仿佛那是售卖 DVD 一样的暴利的全新分发渠道。

2013 年 2 月 1 日,奈飞推出原创剧集《纸牌屋》一炮而红。过去十年,奈飞像一只鲇鱼引发了全球流媒体平台革命,也重塑了美国"文化工厂"的格局。

2023 年 1 月,迪士尼刚刚度过 100 岁的生日。艾格回归的部分原因就是要修正迪士尼的流媒体战略,迪士尼流媒体平台 Disney+虽然成长迅猛,但持续亏损是导致前任被赶下台的直接原因。

成立于 1972 年的 HBO 曾经是"文化工厂"里新进入的搅局者,逐渐成长为原创美剧执牛耳的大佬之后,却一度在奈飞凌厉攻势面前进退失据,进入知天命之年之后似乎又成熟起来。

刚刚 25 岁的奈飞则已经开启了接班模式。2023 年 1 月底,哈斯廷斯宣布卸任 CEO,将 COO 格雷格·彼得斯(Greg Peters)提拔成为联席 CEO,与几年前升任联席 CEO 的前首席内容官泰德·萨兰多斯(Ted Sarandos)共掌大权,自己则仿照贝佐斯的先例,保留执行董事长的位子,退居二线。过去一年,奈飞股价经历了少有的过山车。2022 年 4 月,奈飞意外宣布订户数量下跌之后,引发股价暴跌,也让华尔街重新审视奈飞所引领的流媒体革命。

全球走出疫情的阴影结束了流媒体的"宅家"红利,奈飞不再一骑绝尘,传统媒体向流媒体的数字化转型已让这一赛道拥挤不堪,亟须整合。过去十年也是原创美剧井喷的十年,虽然前路充满不确定,但梳理一下内容创作的繁荣与数字化转型的关系,也有助于我们前瞻中国从制造大国到文化输出大国还需要在哪些方面进一步发力。

你听到人们连夜刷剧了么?

《纸牌屋》十年前之所以一炮而红,开创了网剧叫好又叫座的先河,不仅因为这是奈飞一鸣惊人的处女作,更是因为它打破了美剧的常规。它是第一部一季 13 集一次放出的电视剧,颠覆了此前电视剧周更的范式,完全不按牌理出牌的做法让观众大呼过瘾,通宵看剧的大有人在。"你听到人们连夜刷剧了么?"(Can you hear the people binge?)成了奈飞流行的推广语。《纸牌屋》也是第一个没有拍任何样片就由萨兰多斯和他的副手奥朗德(Cindy Holland)拍板开拍的剧集,而且以一亿美元(当时的天价)直接预定两季,震惊业内,也开启了各方豪掷万金争夺优秀剧集战争的序幕。

为什么奈飞敢于如此下注? 新书《这不是电视》(*It's Not TV*) *道出了行业诸多秘辛。"It's Not TV"是当年 HBO 的一句广告词,下半句是"It's HBO"。换言之,HBO 拍摄的已经不再是普通美国人 20 世纪七八十年代所熟悉的在三大无线电视台上看到的肥皂剧,而是屡有突破、独具魅力的剧集。新书的标题用来描述"后浪"奈飞同样适用,不过后半句可能要换成"It's digital, stupid"(数据至上,蠢货)。

以在线租赁 DVD 起家的奈飞是媒体行业数字化转型的先锋。

---

* Felix Gillette and John Koblin, *It's Not TV*: *The Spectacular Rise*, *Revolution*, *and Future of HBO*, Viking, 2022.11.

以"连夜刷剧"为例，这并非奈飞高管拍脑袋决定，而是消费者数据分析带来的洞察。在进入流媒体之前，奈飞就发现，HBO 的剧集与奈飞 DVD 订户之间高度相关，订户经常订一季 DVD，比如《黑道家族》或者《欲望都市》，很快看完，接着再订下一季。换句话说，"连夜刷剧"已经成为潜藏的消费者习惯，奈飞的颠覆之举其实是更顺应用户习惯而已。

《纸牌屋》的幕后推手萨兰多斯在《纸牌屋》取得成功之后就曾经放下豪言壮语："我们的目标是快速成为 HBO，而不让 HBO 那么容易赶上我们。"这句话涵盖了奈飞的策略，一方面希望在内容原创上追赶 HBO，另一方面在流媒体数字化发展上把 HBO 远远甩在后面。

奈飞追赶 HBO 策略的第一步是希望从 HBO 收购其剧集的流媒体播放权。萨兰多斯首先提出引进新剧集的流媒体播放权。虽然奈飞是采购 HBO 剧集 DVD 的大客户，但相对于大多数同行，HBO 老板的头脑十分清醒：任何带有 HBO 标识的内容都不能成为推动一个潜在竞争平台成长的火药。HBO 的态度让奈飞明白，当更多平台看到了奈飞作为领先流媒体平台的发展潜力之后，授权获得流媒体播放权将越来越难，各家比拼的将是谁的内容库更丰厚，构建自己的原创内容库就成为奈飞的当务之急。萨兰多斯估计，窗口期大概是五年。事后证明，流媒体竞争的大潮的确在 2018 年到来。

奈飞为什么挑战好莱坞的商业规则订购《纸牌屋》？这还得从商业竞争说起。

《纸牌屋》是一部给 HBO 观众量身定制的美剧,翻拍自同名英剧,由男明星史派西出演,名导演大卫·芬奇执导,聚焦美国华盛顿的政治生态。2011 年,HBO 高管看完剧本,已经准备让剧组拍一集样片,然后决定是否采购。机缘巧合让萨兰多斯和奥朗德也有机会看到《纸牌屋》的剧本,两人看完眼睛就亮了。他们知道,英剧《纸牌屋》、明星史派西和执导《社交网络》的芬奇都是奈飞用户的热爱,三者搭配在一起可谓黄金组合。

"取乎其上,得乎其中;取乎其中,得乎其下",奥朗德显然懂得《论语》这句话的精髓。网剧在《纸牌屋》之前都是小成本制作,没有多少有影响力。奈飞开拍网剧,其目的是要向整个市场和订户证明,自己有能力、有意愿拍出叫好又叫座的内容。《纸牌屋》是最好的声明。当然奈飞也很清楚,想要从 HBO 口中虎口夺食,自己一定要开出主创人员无法拒绝的价码。最终萨兰多斯不惜打破规则,开出天价,并承诺主创人员完全的自由度。对此,HBO 的管理者颇感意外,却也难以回天,因为自己没有创业公司所具备的那种财务自由度。

新技术与旧剧本:大数据能取代创意么?

两三年前,当外界讨论奈飞时,惊叹的是数字化转型。海量的消费者数据给了奈飞以机会去理解用户的需求和品味,人工智能的推荐逻辑也让奈飞迅速成为流媒体时代排名第一的平台,一边连接用户多样的需求,另一边与好莱坞勾兑多元的剧本,一同推动订阅经济的飞轮——多样性不断增长的用户需求刺激更丰富更多元的内容创作,更丰富的内容吸引更多用户并增加黏性。

奈飞曾经将这种通过分析用户观影习惯以判断用户品味和需求,从而做到让推荐内容千人千面的做法称为品味分布(taste cluster),也就是把有类似品味的用户分组——奈飞一度将用户按照不同的品味维度分成上千组——并根据这样的品味组合去定制剧集。《纸牌屋》算是理解用户需求之后按图索骥的第一部成功之作,之后的《女子监狱》也是小众剧集里叫好又叫座的代表。

但数字化定制的红利并没能持续多久,奈飞在原创内容上除了投入高、剧集多之外,并没有产生对传统媒体平台碾压式的内容优势。甚至奈飞内部也已经不大提"品味分布"的消费者洞察了,取而代之的筛选标准是"美食家芝士汉堡"(Gourmet Cheeseburger),有一定艺术鉴赏性或创新,但本质上仍然需要满足大众口味。

经过十年的实践,奈飞终于意识到,新技术取代不了旧剧本,技术会不断迭代,但技术替代不了产出优质剧本所需要的艺术积累和眼光。数据分析在市场推广和增加客户黏性方面有诸多全新的应用方式,但仅仅了解用户需求和偏好没办法得出爆火剧集的秘方,即使全明星的演员、导演、编剧组合也不一定能确保叫座。

叫好又叫座的美剧只可能产生于一个地方:聆听创意者——编剧、导演、演员——的想法,花大力气去支持他们的直觉和想法,而且敢于发掘新人。消费者并不清楚自己喜欢什么，直到他们看了《黑道家族》或者《权力的游戏》，就好像他们并不知道自己需要一台智能手机，直到乔布斯捧出 iPhone。换言之，再精准的消费者数据分析也只能告诉你过去，无法预见未来。

理解新技术和旧剧本的精髓是理解内容、技术、渠道，到底什么在变化，什么没有变化？HBO 的哲学是在优秀的编剧、导演和演员身上下赌注，它认为任何能够驾驭三个门类中两个门类的人都可能带来成功，而平台需要做的是发现人才，给人才更多机会。五十多岁的 HBO 已经没有像哈斯廷斯这样充满愿景的创业者，它更依赖机构的力量，这就确保了虽然 HBO 在数字化转型道路上走了不少弯路，但它通过一代又一代人的内部传承理解并强化了什么是"原创的声音"。HBO 内部沉淀下来的机构知识（institutional knowledge）也帮助它不断积累人脉资源和口碑，在大多数好莱坞从业者眼中，想要叫好又叫座，HBO 仍然是首选。

更重要的是，HBO 与奈飞的商业定位有着本质的不同。HBO 是高端品牌，是成年人娱乐的一个"奢侈"频道；奈飞的定位是大众流媒体平台，或者说流媒体的沃尔玛，需要有更多内容填充人们的时间。HBO 希望能够通过占领周日的晚间档保持自己在美国娱乐和文化圈的影响力；奈飞则遵从"眼球经济"的模式，希望提供海量的内容能够占领每个人的时间，这才是"美食家芝士汉堡"的实质。

以量取胜的奈飞需要在原创内容上持续加大投入。几年前，高盛预测 2022 年网飞在原创内容上的投资可能会高达 225 亿美元，在竞争加剧而增长乏力的情况下,2022 年奈飞实际只投入了 160 多亿美元,而 2023 年这一数字预计会保持不变。烧钱模式的难以为继需要奈飞重新思考自己的创意策略,HBO 仍然是值得学习的榜样。

HBO 内容创作的突破与创新

HBO 找到自己的定位花了大概 25 年。经历了拓荒和试错之后,它逐渐形成"承诺更多创作自由"的口碑,并从广度和深度上都在美国文化产业烙下了自己的印记。

HBO 崛起的第一阶段始于 1998 年,以三大剧为代表。

《欲望都市》成为女性主义的代言,不仅重新定义了摩登都市标榜独立的女性文化,也重新定义了都市女性的美,还带动了一系列品牌的重生,也推出不少衍生业务,比如大巴游纽约。《黑道家族》是 HBO 很长时间内的顶梁柱,也是美剧历史上收视率最高的一部,曾经创下 1 820 万收视人数的记录,直到被《权力的游戏》1 840 万超越。它和《欲望都市》让 HBO 拿奖拿到手软。

这两部剧奠定了 HBO 成功的基础。如果说此前的流行文化现象有小说和电影,那么到了 HBO 的时代,就变成电视剧的时代。一部好的剧集能成功,最主要依赖编剧的才华。《黑道家族》的编剧们大多生长在纽约,对意大利族裔的生活状况或者亲身经历,或者颇有耳闻，每次讨论剧情都是先各自讲故事和闲聊，真实生活中的各种经历很自然地演变成了推动剧集发展的素材。

2002 年以巴尔的摩为背景的警匪剧《火线》(*The Wire*) 也是如此，而且在编剧中增加了更多非典型人才，比如《巴尔的摩太阳报》的记者（第一手的社会观察者）。这部剧让 HBO 赢得了"电视时代狄更斯"的美誉，因为它是对一个时代横切面的素描，而且展现出想要把各个阶层的矛盾冲突串联起来的野心。

HBO 的崛起是大卫与哥利亚的故事。当时它扮演的是大卫的角色，对决的是三大无线电视台。

HBO 的原创剧集屡屡突破，首先因为无线电视台的保守，比如含有性、暴力或者探讨复杂人性的内容，不适合阖家观看的，就会被无线电视台放弃。《欲望都市》和《黑道家族》就是 HBO 进入敏感领域的成功尝试，《火线》则更进一步，试图挖掘出社会变迁和人性变化中更深层次的东西。这部描述后工业时代大城市的衰落主题的剧集，挑战警察片中正义战胜邪恶的常见主题，不再是黑白分明的世界，着墨更多去描写背后的庞大系统（大都市）以及在系统中各路角色的复杂面向，聚焦在人与系统的冲突。在《火线》中有真诚、有智慧，也有暗黑、玩世不恭，当然还有尖锐的批评。在整个剧集中，没有个人的救赎，也没有欢乐大结局，有的是社会衰败中人们在试图生存下去时一再遭遇困难时的百折不挠。

三部剧基本上定义了如日中天的 HBO，但随着三部剧的谢幕，HBO 也陷入了青黄不接的低谷。外界质疑 HBO 是不是创作力不再,公司内部也抬高了水线:谁能给我带来下一个《黑道家族》?

第二阶段始自 2011 年的《权力的游戏》。这部魔幻剧将 HBO 推上了全新的高峰,也展示了技术特效和大手笔资金投入所能搭建的奇幻效果。当然《权力的游戏》是成人的游戏,也是成人童话,营造了一个另类的血腥与权谋的世界,很符合 2008 年金融危机之后西方整体逃避现实的主基调。

《权力的游戏》之外,2010 年代的 HBO 又多了些戏谑。《副总统》就是颇有代表性的喜剧。副总统充满权力欲,但因为副总统实在没啥权力,身边聚集的一小群人反而变得猥琐可笑。这部剧细节上也可圈可点。导演要求副总统办公室主基调是凌乱和不协调:桌椅都不搭,而演员的装束基本上是十年前纽约流行淘汰下来的货色,来讽喻华府的"乡下"风格。

《硅谷》则是对过去十年高科技创业的恶搞版本,也反映出鲜明的时代特色。硅谷是旧金山中年油腻男褪色的嬉皮价值与高科技创业赚到第一桶金的奢华自信的合体,催生出一种全新的扭曲,巨富们用道德正确来装点他们的豪奢生活。

《权力的游戏》之后,HBO 再次面临新的空档期,《继承》于 2018 年的横空出世改变了这一切,也让 HBO 重新回到运用反讽的手段针砭现实的路径上。《继承》将新镀金时代的特点描摹得淋漓尽致:金钱、人性与权力欲的勾兑和冲撞。

2020 年的疫情打破了所有人的节奏,一方面居家隔离使得人们对流媒体的需求激增,另一方面社会停摆也限制了影片和剧集的拍摄。HBO急中生智,如果一部剧能在酒店里集中拍摄,就会避免因为疫情而导致的耽误,结果催生了《白莲花酒店》,在狭小的空间上演富豪阶层与服务阶层之间撕裂和冲突。诸如《东城梦魇》的迷你剧同样展示了2020年代的风格,主人公是并不完美且有不少瑕疵的小人物,但戏剧冲突总是体现在这些小人物面对有权势的、危险的、自以为是的人时表现出的勇敢行为。

在这第三个阶段,HBO又重回到现实:新镀金时代贫富差距日益拉大,并不完美的小人物在不断挣扎。

"文化工厂"演变的借鉴之处

如果说中国是世界的"商品工厂",美国可以说是"文化工厂"。这个"文化工厂"最近十年的发展体现了从有形经济向无形经济转型的特点。

首先,美剧在过去十年的井喷推动了"文化工厂"的进一步繁荣,也吸引更多人加入创意产业中。从2002年到疫情前的2019年,拍摄给成年人的美剧从每年182部激增到每年532部。繁荣的背后,不仅让编剧、导演和演员都更赚钱,也吸引了更多人才加盟。有趣的是,同一阶段美国的新闻媒体从业人数骤减,流媒体为这些人提供了职业转轨的"第二曲线"。《火线》吸引到记者加盟编剧,《硅谷》也招募了《新闻周刊》前编辑里昂斯(Dan Lyons)加入编剧组,他曾经"卧底"硅谷一家初创企业,根据这一经历写出的书《实验室老鼠》(Lab Rats)对硅谷二十多岁的创业者进行了辛辣的讽刺。东方不亮西方亮,新闻和艺术都可以对现实社会做狄更斯式的白描,更何况娱乐圈的收入和保障(编剧工会很强大)还要高很多。

其次,美国的文化工厂竞争力十足,不断上演着大卫与哥利亚的竞争,而这种竞争催生了更加多元和丰富的内容,也让鲜活前卫的想法能够找到展示的舞台。

HBO是曾经的大卫,但是在奈飞的眼中已经成了好莱坞的建制派。不过哥利亚并不是总会被大卫打倒。在过去十年的竞争过程中,各家强化了自身的特点。HBO仍然不断追求有影响力的剧集,但绝不以数量或者满足用户需求取胜。相比之下,迪士尼选择了IP和不断翻拍,不断营造虚拟世界,无论是漫威宇宙,还是星战衍生剧。

几年前,贝佐斯会对亚马逊流媒体的高管说:"谁能给我带来一个《权力的游戏》?"(亚马逊和苹果推出的流媒体平台也是资金雄厚的竞争者)这一表述有问题,因为内容创新的东施效颦没有意义,但如果改成"下一个《权力的游戏》现象"就能比较好涵盖竞争的效果。

最后,奈飞持续引领流媒体全球化的浪潮。面临美国市场的内卷,奈飞已经改变策略,把增长的重点放在了海外。奈飞在全球有2.23亿用户,其中七成在海外。原因很简单,在大多数海外市场,奈飞可以降维打击,因为它的许多对手仍然是传统的无线电视台和有线电视。此外,奈飞每年160亿美元原创内容的投入,虽然在好莱坞看来已不稀奇，但用在海外市场却仍然是财大气粗。2021年全球爆火的《鱿鱼游戏》，一季制作成本才2 140万美元，接近《权力的游戏》第八季一集的费用。

《鱿鱼游戏》也是继2020年《寄生虫》摘得奥斯卡最佳影片之后又一部韩国影视剧在全球的耀眼亮相。日本和韩国在经济发展到一定程度之后，开启了一段日韩文化的全球输出，电影、电视剧、动漫都可圈可点。相比之下，中国内容产业的发展与中国经济体量还不匹配，其多样性也还远远跟不上中国社会发展的光谱。

回顾《纸牌屋》上映的十年，有两点值得借鉴。

第一，技术的发展无法替代艺术繁荣的土壤。在奈飞的竞争面前，HBO能够持续拍出叫好又叫座的影片，美剧的娱乐性、批判性、内容题材的多样性，以及给有才华的艺术家表达的自由空间，都是借着资本投入而不断拓展的。

第二，内容创作领域需要引入更多竞争。2023年春节假期，不仅大片票房创纪录，剧集《三体》和《中国奇谭》也收获了不少的口碑。搭建优秀视频内容的元素都已具备，无论是大IP(《三体》)、科幻大片所需要的炫酷，还是动漫的新鲜创作手法。需要进一步拓展的是更宽广的创作空间，更贴近时代脉搏的深入思考，更有信心的大规模资本投入，当然也需要吸纳更多有想法的人才加入编—导—演的队伍。

"阿尔巴尼亚军队"仅仅花了十年就在全球市场攻城略地，奈飞的策略就像是一本打开的书。

加密金童的游戏人生

山姆·班克曼-弗里德(媒体通常以"SBF"称呼他)在华尔街另类投行简街资本(Jane Street Capital)的成名作是利用2016年美国总统大选的数据做交易。整个计划由当时只有24岁的SBF操盘。他观察到大选临近,只要希拉里有好消息,美国和一些新兴市场的股市就会上涨,相反只要特朗普的支持率上升,市场就会下跌。套利的机会涌现,大多数机构和个人都是从CNN这样24小时有线新闻机构来了解选举的变化,如果能构建类似CNN实时追踪选举表现的平台,比市场更快预测选举结果,简街资本就能利用信息优势来赚钱。SBF着手构建了一个检测全美选举动向的平台,让公司在大选夜比CNN快了近一小时判断特朗普胜算的机会超过六成。在睡觉前SBF下注做空美股和其他主要新兴市场股票,因为特朗普当选自然对股市不利。一切都很顺利,一觉醒来特朗普果真当选。但市场的反应却出乎意料,美国市场消化了特朗普当选的消息,股市非但不跌反而大涨。简街资本此役亏损3亿美元,是公司史上最大的一笔亏损。

简街资本并没有因此批评甚至责罚SBF,因为这一投资思路清楚,流程明确,执行清晰。简街资本的逻辑是,如果一切都做对了,就不需要有人为3亿美元的巨额亏损而负责,毕竟大家都是在没有充分信息的环境中搏杀。

一年后,SBF创建了加密货币对冲基金阿拉米达研究(Alameda Research),在不同市场比特币的价格套利中挖到了第一桶金;随后他又创建了FTX加密货币交易所,其一度成为全球第二大加密交易所;到了2021年,他被福布斯评为30岁以下全球首富,身家估值225亿美元,被誉为加密金童。其兴也勃焉,其亡也忽焉,到了一年后的11月,FTX暴雷破产,一个月后SBF也因被控挪用客户资金超过60亿美元而入狱。案件2023年10月初在纽约开庭,是美国近年来最轰动的白领犯罪案件。经过不到五个星期的审判,SBF被判有罪,刑期可能超过100年。

全球媒体之所以醉心于SBF,不仅因为他是横空出世的金童,也因为他是有效利他主义(Effective Altruism,简称EA)的拥趸。EA的支持者希望"不择手段"挣钱,然后捐出大部分资产,用于最有利于改善未来社会福祉的项目,SBF也宣称要捐出大部分财富,收获了不少仰慕者。而现实中,SBF的确不吝花钱,在EA的旗帜下,他大肆向政客捐钱,自以为贯彻有效利他主义去影响公共政策,其实是金权政治的翻版,而且更加赤裸裸。

比如,SBF很讨厌特朗普,担心他在2024年美国总统大选中东山再起,就与以参议院少数党主席麦康纳尔为代表的共和党温和派接触,开出几亿美元的支票,让他去支持那些反对特朗普的候选人。

更奇葩的是，SBF还脑洞大开，与特朗普团队沟通，询问如果劝说特朗普不再竞选总统，需要花多少钱。这又是一个非常天真，无视规则，而且很可能触犯法律的行为。据说对方的报价是50亿美元。

2023年10月3日SBF出庭受审，著名传记作家迈克尔·刘易斯的新作《走向无限》(*Going Infinite*)*也同时上市。刘易斯在2022年初决定撰写这部加密金童的传记，并为此花了半年时间"作壁上观"SBF的工作和生活，直到FTX暴雷。这部传记算是给SBF和FTX暴雷案一个刘易斯式的解读，也让我们对美国创业生态有了更多维度的认知。

游戏人生

对SBF影响最深的三点可以说是游戏、华尔街另类交易所交易员的经历，以及有效利他主义(EA)。

在青少年时代，SBF喜欢打游戏，尤其是规则不断变化的战略游戏Magic。这款战略游戏允许玩家花钱买装备，但并不像其他的游戏那样有钱就能充大亨，因为规则不断在改变，购买的装备可能失效，需要在不确定的环境中不断去适应变化，而不是简单地靠刷游戏积累经验攒装备就能赢。游戏也几乎成了贯穿SBF工作始终的

---

* Michael Lewis, *Going Infinite: The Rise and Fall of a New Tycoon*, W.W. Norton & Company, 2023.10.

一部分。刘易斯书中最搞笑的一幕是 SBF 一边与"穿着普拉达的女魔头"（Vogue 总编辑）安娜·温图尔（Anna Wintour）视频通话，一边打游戏。打游戏是他最喜欢的放松方式，尤其是他在对自己不感兴趣的话题需要敷衍的时候。

游戏对他的影响很深。"人生如戏，戏如人生"，恐怕是他的世界观。有意思的是，马斯克也是游戏狂徒，甚至可以说游戏塑造了他对风险超乎寻常的忍耐力，因为在游戏里，玩家可能愿意赌到最后一块铜板，因为大不了重新来过，这是现实商场中绝大多数人不会作的选择。但如果混淆了虚拟世界与真实世界就可能面临惊人的风险，也可能在劫难逃。

不过，马斯克与 SBF 的不同之处在于，无论是造电动车还是发射火箭，他都是在现实世界中打拼，从游戏中收获的冒险承受力可以让他破釜沉舟，冒险一搏，当然运气也都恰好在他身边。SBF 的加密世界则完全不同，甚至可以说加密世界就是一个真人版的游戏世界，赌性十足。在加密货币价格雪崩的 2022 年夏天，戏如人生可能导致 SBF 不懂得及时止损，当然对风险的高承受力也让他能面对几十亿美元的投资亏损泰然自若，以为能找到起死回生的机会，并不惜挪用客户的资金。

在另类投行简街资本做交易员的经历深刻塑造了 SBF。他大二时就加入简街资本实习，并很快拿到聘书。简街资本从实习开始就极力营造一种"赌博文化"，鼓励实习生之间，或者交易员与实习生之间赌博。什么都可以赌，比如赌哪位实习生能留下来，或者赌谁到底有没有一个在美国职棒中打球的亲戚,只是设定一天输钱的上限是 100 美元。

鼓励赌博并不是为了培养赌性——虽然其结果一定会增强赌性,尤其是当你看到稳赚套利机会的时候——而是希望培养一个人分析环境的能力,找到看问题不同的视角,把原本定性的问题转化成为定量的问题来分析,并且用概率分析的视角冷静地判断胜率,然后大胆一搏。

作为另类投行的简街资本和比特币一样,都是 2008 年金融危机之后金融市场上出现的新物种。金融危机后,传统投行变得束手束脚,因为需要面对更多的监管,"草根"基金公司和投资公司由此崛起,投资套路也变得越来越不同。它们更青睐量化交易、自动交易(机器与机器之间的交易)和高频交易等,不遗余力地寻找市场中的套利机会。而这些日益成为主流的另类交易往往是赌注高昂的零和游戏,考验交易员对非对称信息的掌握,对交易对手的行为学判断(他这么做是不是掌握了一些我不知道的信息?),以及利用海量数据分析寻找市场中潜藏机会的能力。

SBF 被证明特别擅长在缺乏充分信息的世界中赌博,甚至可以说他对此疯狂上瘾。在他看来,量化交易的金融市场就是一种游戏,一个规则不断变化、信息又不完全的游戏,与他喜欢玩的游戏如出一辙,一切都是冷冰冰的算计,每个人都需要适应不断改变的规则。这也培养了他无视规则的态度,如果他是游戏主导者的话,他更会试图改变游戏的规则,随着 FTX 在加密世界中的影响力日益增强,他也正是这么做的。在他眼里,规则和法律都比不上游戏中的丛林法则,重要的并不是纸上规定了什么,而是现实中如何发生的。

EA 给 SBF 带来的影响则是教会了他做任何事情都习惯用概率来评价获胜的比率,同时特别在意一项决策预期收益的最大化。EA 强调赚大钱赚快钱,鼓励信徒成为"造富者",因为有了更多的钱捐出去才能给社会带来更多福祉。在简街资本,SBF 第一年起薪 30 万美元,第二年涨到 60 万,第三年则超过 100 万,如果按照这个轨迹发展,几年后成为合伙人,年收入 1 000 万没问题。以 EA 模式判断,他已经在成为造富者的路上。可是当 SBF 看到 2017 年比特币爆火之后,他重新计算了自己职业生涯的预期收益:一边是比较稳定的能一生赚取几千万甚至上亿美元,另一边是有可能收获指数级的财富增长,SBF 选择了冒险。

EA 鼓励信徒拼命挣钱,尤其喜欢挣套利的钱,却并不在意做什么、怎么挣钱。这也是 SBF 最终在加密货币市场毫无节制去赌博、把挣钱作为目的的一个原因。虽然 SBF 成名之后装扮成为加密世界中的白衣骑士,对外不断强调合规,推动更多加密货币的交易在美国落地,但他与比特币真正的信徒还是有本质的区别,加密货币只是他快速获得财富的手段而已。

SBF 和他身边聚拢起来的一群创业者是又一群"书呆子"创业的经典案例,他们大多是数学天才,年轻,名校毕业,聪明过人,懂得如何从数据中挖掘机会。他们很多也是 EA 的信徒,大多接受过简街资本的训练。三者结合起来恰好适合在加密世界的赌博游戏中纵横驰骋。加密世界是一个规则多变甚至可以说缺乏规则的世界,也是一个信息不透明的边缘世界,更是一个充满套利机会但也充满陷阱的世界,这个世界很容易变成金融投资/投机的数字游戏,也更容易满足 EA 赚快钱的目标。

SBF 最大的短板是对金融的本质缺乏认知,对真实商业世界的尔虞我诈缺乏判断力,也没能认清加密世界是一个边缘人的世界,一个全球创业者杂处的世界。当他带着"金融博弈游戏"的认知一个猛子扎入加密世界的丛林,很快带着轻易赚来的财富大张旗鼓地去"改变世界"的时候,在现实世界碰得头破血流是迟早的事情。

庞氏经济学与赌场资本主义

加密世界的现实状态到底是什么样的?批评者用两个词来形容。一个是庞氏经济学(Ponzinomics),另一个则是赌场经济学(Casino Capitalism),虽然有所偏颇,但的确指出了币圈的问题。庞氏骗局一般人都很清楚,庄家用高收益吸引用户,用后续用户的钱支付前面人的利息,越滚越大,直到韭菜剪完为止。但加密世界的庞氏骗局又有所不同,只要加密货币的价格越来越高,后续为了赚快钱入场的人也就越来越多,并不需要有一个单一的庄家,比特币就是最好的例子。当然,剩下几百种加密货币就不一样了,通常后面都会有庄家,通过各种对敲手段抬高币值。所以从这个意义上来讲,用赌场经济学来形容加密货币世界的交易所更形象。这些交易所的存在就只是为了拼命赚快钱。

用赌场经济学来形容混乱的币圈,有三点相似之处,这也是为什么像FTX这样的加密交易所挑战连连。第一,赌场不会带来任何实质的创新,也不会创造新的生产力,但赌场内的竞争十分激烈。赌场是零和游戏,赢的钱一定来自输家,唯一一直挣钱的是庄家。第二,赌场需要有庄家,庄家并不参与赌博但稳赚,因为每笔交易庄家都会抽头。这也是为什么FTX这样的加密交易所很像赌场,盈利性也特别好,2021年就超过10亿美元。第三,赌场是白道黑道通吃,与洗钱等一系列地下交易脱不开干系。此外,为了把持赌场的收益会出现幕后的黑帮火并。这一点与混乱的币圈确实也有一点相似之处,逃避监管、地下交易、洗钱仍然是币圈一再出现的问题。至于FTX与第一大加密交易所币安的恩恩怨怨,以及币安的老板在FTX倒台过程中扮演的角色,也的确让人浮想联翩。

刘易斯看透了加密交易所庄家的本质。赌场离不开有效的庄家。阿拉米达研究是FTX创建之后最大的客户,也是为整个交易所提供撮合交易最大的对手方,两者的实控人都是SBF。所以SBF不仅开了赌场,也带进来最大的赌客,撮合交易吸引更多赌客来玩。并不是说普通的赌场真的不参与赌博,但赌场开久了,一定不再会赌博,因为开赌场本身基本上稳赚不赔,这也是SBF之所以要加入已经拥挤的交易所赛道的原因。

那为什么SBF不好好做稳赚的庄家呢?因为加密货币的赌场

都是草创,FTX 也只成立了两三年,产品很新,规则缺乏,赚钱太猛,都会带来一系列问题。比如 FTX 自己发币 FTT,也是拥有 FTT 最多的庄主,也很可能自己做庄抬高 FTT 的价值,割普通投资人的韭菜。这种做庄已经脱离了"赌场"的正常经营范围了,FTX 2021 年对加密市场做研究发现,小的交易所中八成的交易都是庄家控制的不同账户之间对敲带来的交易,大的交易所中这一比例大概在三成,可见一斑。

赌场的黑白通吃也是对币圈边缘人角色的类比。如果印钱和开赌场是那么赚钱的买卖,又缺乏监管,没有谁发牌照,那么交易所之间的争斗就会变得你死我活,尤其是 FTX 希望成为宇宙第一大交易所的时候,对手一定会偷袭它的软肋。SBF 对币圈的江湖规矩还是太天真。就在暴雷前的几个月,他在和迪拜监管机构商谈将 FTX 总部搬到迪拜时,提出了一个条件,就是要求最大的竞争对手币安离开迪拜,不给别人留下任何退路。等到自己出问题,被币安摆一刀,回魂无术,还是漠视江湖规矩。

虽然加密交易所神似赌场,刘易斯还是对 SBF 抱有一定程度的同情,因为他表现出要让自己的加密交易所成为比较好的、比较合规的交易所,有志向逐渐推动加密交易融入主流,推动去中心化的金融创新给传统金融带来改变。但 SBF 的盲点在于,一直没意识到这个市场远没有到需要整合的时候,也不懂得留一个比自己"更乱"的交易所其实并不是什么坏事。

这种战略的失焦有两大原因:其一是 SBF 缺乏成年人的指导,

也缺乏向现实世界学习的自我反省与认知;其二则是快速致富,突然拿到亿万美元的狂飙,使其无视规则,自以为是。

金钱的确有腐蚀力,尤其是如此快积累的金钱。SBF 在挥金如土上的确又创造了一个纪录。他挥金如土很少关乎个人享受,1.5亿美元在巴哈马购买房产,自己和高管住的豪宅价值 3 000 万美元,一次性给父母 1 000 万美元,对他来说都是小数目。他在其他方面的一掷万金,更是堪比中东土豪。

简单给 2021 年到 2022 年 SBF 花的钱算一笔账,可以说他挥霍了一笔惊人的巨款:40 亿美元做风险投资,15 亿美元用于收购;此外,2022 年他花费了 25 亿美元从币安回购 FTX 的股份,之前 FTX花了 2.5 亿美元购买房地产,主要是在巴哈马构建公司的全球总部。更令人咂舌的是 FTX 成立三年,账上就记录了 15 亿美元的费用开销。

一笔糊涂账接近 100 亿美元,即使算上两年内交易所的利润,净资金花销也超过 65 亿美元。FTX 破产案所指控挪用了的客户资金也大概是 65 亿美元。换句话说,如果这笔糊涂账属实的话,SBF 的确花了太多别人的钱。

如何评价刘易斯?

《走向无限》与 9 月初出版的艾萨克森的《埃隆·马斯克传》一

样,被称为沉浸式报道(Immersive Reporting)的代表,两位作者也都是撰写此类非虚构书籍的大家。两本书合看,能帮助大家理解孕育创新与泡沫的土壤,区别什么是真正有影响力的创新,什么是撩拨普通人 FOMO(Fear of Missing Out)情绪割韭菜的泡沫。

不过相比艾萨克森,刘易斯的这本书争议更大,因为如果 SBF 被定罪,他就在为一个罪犯作传。仔细分析,这本书有三点精彩之处,也留下一点遗憾。

首先,刘易斯清晰捕捉到塑造 SBF 大环境的特点:2008 年金融危机之后另类交易和量化交易的盛行,简街资本这样的另类投行选择年轻数学专才,在公司内部培养他们把金融市场当成游戏的赌场来运行,运用冷酷无情的定量分析来挖掘市场中套利交易的机会,这些都为 SBF 的横空出世奠定了基础:一个个性特别,喜欢在不确定游戏中博弈,而且在华尔街某种零和游戏中锻炼出赌性的年轻人。

其次,他对 SBF 的性格捕捉也不错。他并不质疑 SBF 对有效利他主义的执着。和其他 2010 年代叱咤风云的硅谷大亨,比如优步的创建者卡兰尼克,或者 WeWork 的创始人纽曼不同,他没有任何不良嗜好,也没有任何丑闻。他更像是一个没长大的大学生,却突然被给予巨大的财富和重大的责任。但他的天真、对世情的缺乏了解、只会将一切化为数学计算,以及人生如戏的态度,在隐患重重的加密世界迟早会翻船。

最后,SBF 是一个特别会操纵媒体叙事的人,从他个人表现在世人面前的奇葩装扮(T恤、短裤、拖鞋),到他尝到与媒体打交道的甜头之后对媒体的开放态度,都证明他并不是那种不谙世事的书呆子。相反他有他的精明,甚至可以说聪明反被聪明误。

刘易斯也是他极力拉拢的媒体影响力作者之一,而且刘易斯本人也毫不遮掩他对金童的仰慕。

刘易斯过去的几本书,如《大空头》和《点球成金》的主角,都是看到了别人所没有看到的数据/现象,并据此获得了惊人的成功。这些人与SBF有类似之处,他们善于找寻信息不对称,决策依赖概率判断,喜欢拥抱不确定的环境,敢于下大赌注。

这种刻画其实也可以说是刘易斯的自况。2022年他选择SBF作为传主,在声名最盛的时刻为他开始写作个人传记,原本也希望写一写加密世界的金童,一段一度被称为"加密世界的JP摩根"的公司的历史,一位媲美一百年前金融大亨的后现代金融大亨的传记。历史跟刘易斯开了一个大玩笑,在FTX暴雷的时候,他传记一个字还没有写。他可以选择项目烂尾——为什么要为一个很可能被定罪的金融罪犯,一个很可能堪比垃圾债券之王迈克尔·米尔肯的人物作传?他也可以利用SBF给他的信息渠道论证其是否清白。但刘易斯这两点都没有选,反而选择尽可能贴近复杂传主,并明确表示希望自己的叙事为陪审团提供另一个了解SBF的视角。

归根结底,刘易斯同样选择在信息的迷雾中用自己的声誉下注,风险更高,回报也更大。

理解全球经济的结构性问题

人口拐点时看发展和转型

　　大约二十年前,"龙象之争"开始为人津津乐道。20 世纪 90 年代初,中国和印度几乎从相同的起点出发拥抱全球化:中国制造业抓住了改革开放和全球制造业转移的机遇,一路高歌猛进,成为毋庸置疑的"世界工厂";印度则依靠 IT 服务外包业,打造出班加罗尔这样的全球 IT 外包中心和软件创新中心。弗里德曼在《世界是平的》一书中,还以中国的全球制造和印度的全球 IT 外包作为其立论的两大案例。

　　20 年后再作龙与象的比较,数字上高下立现。沿着"雁阵模式"推动的"制造立国"发展轨迹,充分挖掘了人口红利和全球化红利的中国经济取得了惊人的发展;相比之下,印度制造业受到商品市场与国内要素市场改革乏力的双重挤压,20 多年来一直发展乏力,即使在总理莫迪上台之后大谈"印度制造",也尚未取得实质的突破。经历了 30 年的长跑,中国的 GDP 已经是印度的 5 倍。

　　而当时间到了 2023 年,龙与象再次来到了一个全新的起点。根据联合国之前的估算,在今年 4 月或者 5 月的某一天,印度和中国人口都将达到 14.26 亿,然后印度将超越中国成为全球人口第一大国。

在此之后,中国还将进入人口负增长的时代。一方面劳动力人口加速下跌,另一方面老龄化水平不断加深,经济转型的压力与社会民生保障的复杂问题都是中国未来面临的巨大挑战。而印度人口仍将增长,依然有很长一段可以利用人口红利的成长时期。

过早到来的中国人口拐点与印度人口超越中国只是表象,在这个表象之下有四个重要问题值得我们审视。

第一,一个国家的总人口及人口结构,与国家经济发展到底有哪些相关性?

第二,如何在中国这样的体量上解决老龄化和少子化的问题?需要哪些新政策和新思维来解决老龄化带来的一系列社会民生问题?

第三,总人口的拐点与中国发展模式转型的关键节点相叠加,人口这一最重要的资源禀赋的变化对经济转型上台阶是会构成某种制约,还是会变相推动?

第四,回到"龙象之争"的命题。外部环境今非昔比,全球经济面临"脱钩"风险,印度大力发展制造业会成为中国最大的竞争对手么?

人口结构与经济转型

20年前经济学界就有一个基本共识,即中国经济会面临"未富先老"的难题,相比较欧美和日本、韩国,中国会在人均经济发展水平更低的情况下步入老龄化社会。令学界惊讶的是,中国人口负增长的拐点距离此前大多数人预计的 2030 年之后提前了不少。

人口负增长意味着经济整体增长必然放缓,但中国人口结构——即"未富先老"命题的核心——更需要关注。按照学界的定义,以 65 岁以上人口(老龄人口)占总人口比例计算,超过 7% 为老龄化社会,超过 14% 为老龄社会,而超过 21% 为高度老龄社会。中国老龄人口比例在 2000 年就已经超过了 7%,而 2021 年这一比例超过了 14%,已经成为标准的老龄社会。而中国人均 GDP 在 2022 年约为 1.27 万美元,仍处在中等偏上收入国家的水平,尚未达到高收入国家水平。

基于人口拐点的提前到来,蔡昉教授在新书《人口负增长时代:中国经济增长的挑战与机遇》*中提出了新的担忧,担心中国经济可能面临"慢富快老"的问题:老龄化会以超过预期的幅度加剧,而经济增长也有可能以超过预期的幅度减速。这就意味着一方面我们要应对的老龄化问题更深重,另一方面我们希望通过发展来解决问题的老方法也可能过时。应对"慢富快老"需要全新的思维框架。

人口负增长和人口结构的变化到底会如何影响中国经济?可以从以下几方面来分析。

首先,人口总量和人口成长趋势长期来看会对一个国家的经济体量产生巨大影响。

以美国为例,过去 30 年,美国占七国集团的 GDP 总额的比例从

---

* 蔡昉:《人口负增长时代:中国经济增长的挑战与机遇》,中信出版社 2023 年 3 月版。

40％上升到 58％,主要原因就是美国劳动人口在此期间增加了三分之一。与欧洲和日本人口日益老龄化相比,美国是西方大国中为数不多能够保持人口健康成长的国家,而且美国相对宽松的移民政策也能够持续吸引全球人才,推动美国 GDP 占比的水涨船高。

人口总量和人口结构都会对经济发展造成影响。短期而言,人口结构的快速老龄化意味着劳动力人口对比供养人口(老人和孩子)的相对缩水,社保压力增加。长期来看,当总人口下降,尤其是劳动力人口快速下降时,经济总量增长的速度势必受到拖累。过去几年,不少经济学家对未来十年经济增长的预测都是基于中国人口可能在 2030 年甚至之后达峰的假设之上。中国人口数量比预想更早达峰,势必需要我们对未来经济发展的增速作出相应调整。简言之,人口负增长的提前到来和老龄化比预期程度更高的现实决定了潜在增长率比预期要低。

其次,中国人口结构问题与中国经济发展模式转型之间的矛盾在短期会变得更加尖锐。

中国劳动人口结构未来一段时间将会出现两头增长、中间薄弱的状态。根据联合国人口预测,在中国劳动年龄人口中,青年劳动者(16—24 岁)占比将从 2022 年的 14.8％上升到 2035 年的 17.0％;与此同时,大龄劳动人口(46—64 岁)占比将从 40.4％上升到 43.1％;而盛年人口(25—45 岁)比重会呈现下降的趋势。这样的人口结构会带来三方面的问题,每一个都不容易解决。

青年人口占比的增加会加大就业压力,这也是为什么今年 4 月中国 16—24 岁人口失业率比例高达 20.4% 的原因之一。人口负增长和劳动年龄人口加速降低不仅不意味着就业矛盾的缓解,反而标志着中国就业形势相对宽松的时代已经结束,因为人口的结构性矛盾更加突出。

未来几年,每年都会有超过千万的大学生毕业,而经济无法创造出足够多高质量的就业岗位,就可能导致短期人力资源的浪费。高科技,尤其是近年生成式 AI 的发展,也会让大量入门级白领就业岗位被机器所取代,加剧年轻人就业压力。这些问题需要我们去反思教育体系,同时思考如何快速增加职业教育培训等问题。

大龄劳动人口的增加则会带来新问题。推迟退休时间势在必行,但企事业单位是否做好了内部员工"多世同堂"(60 后与 00 后在一起工作)的准备?而在组织中如何为超过 60 岁的普通员工找到合适的岗位也是挑战。

此外,盛年人口占比的减少意味着,作为"上有老,下有小"的一代人,他们相应的负担更重。蔡昉教授在《人口负增长时代》中特别提出政府要强化"照料",帮助"上有老、下有小"的家庭减负,就是针对这种人口结构发展提出的解决方案。蔡教授认为,涉及孩子和老人的照护,不应让家庭独自承担,也不能完全由市场方式予以满足,因为这一服务具有社会收益性质,某种程度上属于公共服务。如果养老和育儿的问题全部由盛年人口所承担,年轻人就业短期又不明朗,很难能提升中国已经超低的生育率,而如果生育率持续低迷又将导致未来人口结构持续恶化。

按照波特的增长驱动理论,一国经济的起飞会经历要素驱动、投资驱动、创新驱动和财富驱动这四个不同阶段。改革开放的 40 年,中国的发展模式很明显经历了资源禀赋驱动和投资驱动两个阶段。改革开放早期,中国充分利用人口红利的规模优势,依靠发展劳动密集型企业,成功成为世界工厂;2008 年金融危机之后,中国经济更加依赖投资驱动,基础设施和房地产成为经济发展的主要引擎。

如今,中国经济刚刚开启创新驱动转型。汇丰银行大中华区前首席经济学家屈宏斌指出,在分析中国人口结构变化时还需要引入人口教育水平这一维度。没有哪个国家具备如此巨大的大学生人才库。当然,这也加剧了经济创新转型的迫切度,因为只有创新经济才能把教育水平大幅提升的劳动力用好。

最后,从中长期来看,到 2035 年,中国劳动力人口(18—60 岁,这个数据没有把延迟退休考虑在内)将下降 10%,到 2050 年下降 35%。老龄化同期会加剧,到 2050 年,预计中国人平均年龄将超过 50 岁,比现在高出 12 岁。老龄化、少子化所带来的劳动力人口下降和供养比例增加都意味着加大社保投入势在必行。

加大民生开支是当务之急

人口负增长和人口结构在未来十多年将呈现出来的"两头重,

中间轻,老龄化加速"的局面突显民生问题的迫切性。

先看一组中国与其他同在中等偏上收入国家的横向对比数字。

2020 年,中国政府支出占 GDP 的比重为 33.9%,全球中等偏上国家的平均水平为 40.4%,财政支出还有比较大的提升空间;中国社会性支出占政府支出的比重为 52.4%,而参照组的平均水平为 62%,同样有比较大的差距。如果把两者合计比较,中国政府社会性支出占 GDP 的比例为 17.8%,而参照组的平均水平为 25%,低了 7.2 个百分点。

另一组数字则是消费支出占 GDP 的比例。由于劳动报酬占国民经济分配的比重偏低,居民消费尚未得到充分满足,导致构建安全网的储蓄能力和意愿不足。按照世界银行的数据,2020 年,家庭消费支出占中国 GDP 的比重只有 38.2%。相比之下,世界平均水平为 55.3%,而高收入国家的平均水平则达到了 58.1%。

在育儿、养老、看病等一系列需要花钱的地方,我们都还需要加大投入。在构建更牢固的社会安全网方面,蔡教授在书中讨论了应该"取其轻"还是"取其重"的问题,颇具深意。

在他看来,应对养老压力,习惯性的思维是在政策选择中"取其轻",如"多取"和"少与"。"多取"的意思是选择提高养老保险缴费率来补足社保基金的不足,不过这么做显然将增加业已过高的企业负担。"少与"是降低养老金的给付水平,即养老保障水平,这么做无助于保障消费,老百姓也会怨声载道。当然现有的养老金原本就存在比较大的不公平,比如公务员和事业编的平均养老金水平就大大高于企业养老金。此外，现有养老金"现收现付"的模式，即当年工薪阶层缴纳的社保直接用来支付当年养老金开支，养老金账户基本没有累积的模式，如果不进行改革，在劳动力人口下降、老龄（退休）人口逐年上升的情况下，也只能通过提高退休年龄来维系。

我理解蔡教授的意思，"取其轻"是就事论事来解决问题，在不作任何根本性调整的情况下，在现有社保体系的框架内做腾挪，多取、少与、晚退休是为数不多的选择，结果也很难让各方满意。而他所提出的"取其重"的思路则是选择"多予"与"少取"的结合，直面养老难题，一边减少个人和企业养老负担，一边持续增加养老金的给付水平，同时解决养老金不平等的问题。要真正做到"取其重"，就必须跳出现有养老金制度本身来破解问题，且把养老这一社会民生问题与经济的消费驱动以及政府的社保责任联系起来一起分析。

蔡教授强调，"越是充分的社会保障，越有助于在人口负增长和深度老龄化时代最大限度地抵消趋势性消费孱弱的效应"，同时他也提出，"只有把提高劳动收入而不是降低养老金给付作为提高劳动参与率的出发点，才能实质性推动延迟退休"。

换句话说，要实现"多予"和"少取"的结合，需要切实加大财政社会保障性支出，以便在社会福利水平上更符合发展阶段的要求。与此同时，也需要推动养老金改革，比如企业年金和个人养老金账户的改革都需要深入推进，以便建立国家社保之外的其他养老支柱，以满足不同阶层人群的养老需求。

如何跨越中等收入陷阱？

加大投入建立更完善的社保安全网，归根结底需要未来十年中国保持经济持续增长，成功跨越"中等收入陷阱"。问题是，中国人口拐点的过早到来和经济存在的结构性问题会不会成为跨越中等收入陷阱的障碍？

洛克菲勒国际主席夏尔马（Ruchir Sharma）对历史上 39 个超越中等收入陷阱的国家和地区作了一番分析，得出的结论是这些经济体在完成超越的十年间有一个共性——人口都在正增长。

乍看下来，夏尔马的研究引人担忧。但仔细阅读他的论述，发现他只是分析了人口增长与经济持续增长的相关性，却缺乏对经济规模不同的考量。在 39 个样本中，波罗的海小国立陶宛和拉脱维亚与中国完全不可以等量齐观。思考中国未来的经济发展，需要借鉴洲际经济体的经验，比如欧盟，其内部各国经济体量大小不同，发展阶段也有差距。此外，也需要考虑外部环境因素的变化，比如，人工智能和机器人等高科技的广泛应用能多大程度上抵消工作人口缩水的负面影响？同样，全球化的转向又会给洲际经济体的发展带来什么阻力？

相应的，日本也提供了一个人口结构巨变对经济影响的样本。从人口老龄化加剧、劳动力人口快速缩水来看，当下的中国与 30 年前的日本类似,最值得警惕的是房地产的未来走势和投资拉动发展模式的不可为继。日本的经验很明显,劳动力人口下降与房价下跌正相关,而投资驱动型增长也很难长时间推动经济发展。

日本经验显示,富强劳动力人口(日本的统计口径,为35—54岁阶段)的缩水推动房价指数下跌。在富强劳动力人口增长时期,人口每增加1%,日本的房价增长大约5%;相反,在缩水时期,每缩水1%,房价跌幅则要更高。同样,日本经验也显示投资推动型增长模式后继乏力。

无论是夏尔马的分析还是日本的经验,都指向经济转型的困难。这时特别需要我们对中国经济发展的三驾马车——出口、投资和消费——再次梳理,甚至跳出三驾马车的思维框架寻找突破。

首先,就出口而言,外需需要继续作为适度合理的增长拉动力。这就需要我们持续吸引外资,保持出口水平。这也意味着我们必须积极主动影响全球化的走向,放缓供应链转移,避免经济"脱钩"。

其次,需要寻找新的投资增长点,把创造更多更好的就业岗位作为衡量经济质量的重要指针。养老、生物医药、数字经济以及相应的应用场景,都可能成为新的经济增长点。

最后,需要在老龄化不断加深的情况下稳定和扩大居民消费。人口负增长导致消费增长放缓甚至负增长很正常,但在中国消费占GDP比相对较低的情况下,提升居民消费仍然有巨大的挖掘空间。

三驾马车之外,中国经济增长需要强调的新逻辑是投资建设更完善的社保安全网与持续改革创新之间的相辅相成,甚至可以说,更完善的社保安全网是经济转型的基础,而经济转型也会为建设更完善的社保安全网提供实力支持。

人口负增长应该成为一个巨大的触媒,让我们走出线性思维,重新审视经济发展模式,同时追问衡量经济发展的终极问题——如何推动老百姓生活水平的不断提升。转型的重心应当放在提振消费上,而消费提振则建立在切实提高居民收入和大力增加社保投入之上,让老百姓能消费也敢消费。老百姓敢消费、能消费了之后,老龄人口也能形成充满机会的"银发经济"。

再看龙象之争

经历了 30 年的发展,中国和印度已然面临完全不同的挑战。印度的挑战是在全新的环境中复制中国的发展路径,而中国的挑战则是如何创造下一个全球经济奇迹,让 14 亿人享受中高收入国家的生活。与其说龙象之争,不如说两个人口大国都需要寻求经济发展模式的突破。理解这一点,就很清楚,未来并不是在印度或中国之间作出选择。

和中国需要提振消费一样,印度需要抓住机会,补足制造业的软肋。长期以来,印度制造业对经济的贡献在 14％ 左右徘徊,相比之下,中国制造业对经济的贡献在三成左右。印度城镇化也挑战重重,农业仍然是 65％ 的印度人就业的渠道,人均耕地少,耕地退化严重,很多小农只能温饱,一旦有灾害就会出问题。

其次,印度女性就业参与度很低,只有 20％左右,较中国超过 60％的比例低太多。这一方面是因为优秀的就业岗位不足,另一方面印度也保留了富裕家庭妇女留在家里的传统。本质而言,女性就业率低体现的是经济创造就业能力不足,是经济需要转型的特征。

最后,印度如果想复制中国模式,抓住供应链转移的机遇,需要持续改善营商环境。中国优异的营商环境建立在政府强大的执行力之上,开发区、基础设施建设都由国家规划,以中国速度达成。印度远没有类似的营商环境。虽然印度也希望创建中国深圳这样的经济特区,但印度的特区基本上只有村镇大小,基础设施很差。以苹果在印度推动高端手机制造为例,它首先面临的挑战就是印度供应商缺乏中国企业-政府联合体的那种紧迫感和响应速度。

此外,印度发展制造业仍面临着诸多其他挑战:资金成本高昂;法律条文复杂;工业或基建用地获取困难;监管繁重,企业难以解雇工人;许多产业对外资开放不足;国内统一大市场尚未完成等等。

整体而言,印度和中国一样,有超级人口大国的体量,创造就业的压力、国内地区间发展不均衡等问题,都不是单一标签可以涵盖的。印度或许会接纳部分中国制造业的转移,但本质上处于不同发展阶段的龙与象,它们当前的主要挑战都是自身发展的改革与转型。超过 14 亿人口的体量只会让龙与象的未来发展更复杂,也肩负更艰巨的责任。

中国经济转型的三个重要视角

经历了 40 多年的改革开放,中国经济发展又走到了重要的转型十字路口。

中国经济的结构性转型涵盖四个方面的内容。首先,发展模式需要从投资驱动转向创新驱动,找到推动经济发展的新动能。其次,应对外部环境的变局,需要切实解决消费不足的问题,减少对出口的依赖,挖掘内需,将创造就业作为首要议题。再次,人口红利的消失和少子化、老龄化问题的日益突出,需要在加大投入解决社会议题的同时,在未来 10 到 15 年完成对中等收入陷阱的跨越。最后,将构建大型都市圈作为人口城镇化的方向,推动劳动力自由流动,转型服务型政府。

理解中国经济的转型需要理解中国经济的特点。中国是全球为数不多的洲际经济体(超大规模经济体),与之相媲美的只有美国和欧盟,因为规模和体量的不同,其经济发展进程自然会与东亚模式下的日本等国家有比较大的差异。大国意味着超大规模和更复杂的治理。陆铭等多位国内中青年经济学家合著的新书《大国经济学:面向长期、全局、多维的中国发展》*特别提出,推动经济转型,需要一方面发挥超大规模经济体 $1+1>2$ 的优势,另一方面要深刻理解超大型经济体的复杂性,治理 $1+1<2$ 的问题。

《大国经济学》为中国经济转型问题提出三个重要的思考框架——长期、全局和多维——值得一一梳理。

从长期来看,中国经济转型需要处理好短期和长期的关系,这个问题可以从两个层面来分析。

首先,我们需要直面中国经济增长目前面临的短期困难。当下经济面临的结构性问题,无论是人口结构的少子化和"慢富快老"问题,还是土地财政、房地产泡沫问题,都不能再回避或者拖延,因为解决这些问题关乎中国经济长期的可持续发展。用时间换空间,用经济增量来掩盖存量问题,在当下已经难以为继,因为既有经济模式如果不进行有效改革的话,其增速必然更加放缓,问题也必然越积越多。

其次,需要从长远来看中国成为发达国家的目标,重新审视中国的产业政策和地方政府的招商引资。中国发展模式的一大特点是地方政府的招商引资"锦标赛",而这种锦标赛又体现在各地比拼建设园区,陷入招商的"逐底竞争"上,在一些情况下某些地方全然不顾地区的比较优势,为了追求短期的政绩而忽略长期发展和国家市场整体的产业布局。几乎所有发达国家的发展历程都证明,随着

---

* 陆铭、杨汝岱等:《大国经济学:面向长期、全局、多维的中国发展》,上海人民出版社·世纪文景 2023 年 5 月版。

经济的发展,农业占比不断下降,制造业经历了快速成长达峰之后,会逐渐下滑(当然这种下滑与产业空洞化还是有所区别的),而服务业则不断上升。中国经济转型也必然如此,当务之急是扭转制造业的过度投资对服务业发展的影响和对消费的抑制。

这就需要我们引入第二个视角——全局的视角。

掌握全局需要我们理解大国城镇化的普遍规律,尤其是从农业经济迈过工业向服务的转型期城镇化的特点。大国需要大城,大城需要人口的自由流动。人口追逐增长机会的流动结果必然出现人口分布的不均衡,在美国是东西两岸的人口聚集,在日本则是东京大阪两大超级都市圈的出现。但大城的出现,反而会逐步拉平地区之间人均收入的差异,因为人口流出的地区会走出一条更加符合其资源禀赋发展逻辑的道路,比如规模化和产业化的乡村农业振兴。

换句话说,从全局看中国经济的发展,不能简单地把拉平地区差异变成"撒胡椒面",需要有明确的政策目标,拉平地区之间的人均 GDP 差距,而不是不同地区 GDP 总量的差距。这就需要政策制定者顺应大都市圈发展的客观规律,因为它可以推动更多思想碰撞、挖掘更多商业合作机会、形成更密集的产业集群。当然,这也需要切实推动地方向服务型政府的转型,给广大流动人口以扎根大城市的机会。

全局观也需要理解全球化的未来发展。尽管中国是洲际经济体,但受东亚模式的影响,对进出口的依赖仍然巨大。无论是中国经济转型的稳定,还是未来中国企业的全球拓展,都需要一个好的外部环境,都需要智慧地应对现在全球弥漫的去全球化、保护主义和民粹主义的思潮,确保参与全球化不脱钩。

全局观很自然地引导到了多维这第三个观察的框架。多维可以被理解为多元,也意味着参差不齐、众口难调。多维是经济发展的结果,解决了基本衣食住行的需求之后,老百姓对幸福生活的需求是多种多样的。丰富、多元、开放、包容,这种多维的姿态恰恰是大国的特征。归根结底,《大国经济学》强调的是如何拥抱自信与繁荣的未来。

全球供应链重塑时代的选择

2023 年 8 月底,美国商务部长雷蒙多访华。她是短期内第三位访华的美国内阁官员。中美双方同意在两国商务部之间建立多层级沟通渠道,部长至少每年一晤,双方还将成立由副部级和司局级官员组成的工作组,每年举行两场副部级会议,并邀请双方企业代表参加。

相比 2017 年特朗普入主白宫之后美国单方面终止的"中美战略与经济对话"——拜登上台之后仍很少提及这一对话——两国商务部层面的多层级沟通机制虽只能说是事务性的,但总算是为每年7 000 亿美元的中美经贸关系建立了托底机制。恰如雷蒙多在访问时传递的讯息:没有意愿脱钩,增加沟通管道是进步。

我们正在进入一个重塑的时代——一个全球化重塑的时代,一个国际商贸关系重塑的时代,更具体而言则是一个全球供应链重塑的时代。美国所推动的这种重塑,无论是吸引制造业回归美国,还是友岸外包(friend-shoring),背后都围绕着"国家安全"的科技战主线。这种重塑脱离了此前 30 年全球供应链自由发展对效率和快速响应力的追求,转而强调增加冗余和规避风险。许多跨国公司最近在讨论"中国＋1"策略,重新审视中国作为全球的制造基地,开始将一些面向中国以外市场的制造转移到其他地区,也是这一重塑的直接后果。

当然,外资对这种被动的供应链转移是不情不愿的:明明中国市场具备明显的供应链优势,为什么要搬迁?好不容易把一个市场给培养大了,怎么能轻言放弃?但如果做情景分析,就必须考虑到极端情况。全脱钩是一种,虽然概率不大。半脱钩也可能,如果外资在中国制造的产能只留下用于满足中国市场的,而把其余的供应链都转移到国外去,对中国制造的影响到底有多深远?我们还需要清醒地意识到,无论是哪种脱钩,制造业转移一旦完成将是不可逆的。

但全球供应链的重塑并不只有制造业转移一种方式,中国企业在全球供应链重塑的过程中也远不是无能为力的"乘客",无力改变,只能跟随。既然重塑已经开启,中国企业就应该积极主动参与,一方面规避全脱钩与半脱钩的情景出现,另一方面努力保持甚至强化中国制造的竞争力。

这种主动有为体现在三个方面。

第一,中国有自身供应链向价值链高端持续升级的需求。无论是本土劳动力成本上升还是需要创造更多高收入工作岗位,都意味着劳动力密集型制造业的持续搬迁。

第二,中国供应商需要继续主动出海。美国希望利用产业政策激励和国别歧视来推动全球供应链的重塑,中国供应商可以主动出海布局,在新规则之下赢取发展空间。

第三,中国自身经济的结构性调整也需要中国主动重塑供应链,一个以服务全球市场为目的的世界工厂的供应链并不完全符合中国内需增长的要求。没有哪个跨国企业愿意主动放弃中国这个洲际大市场(有众多人口,没有内部贸易障碍,如美国、欧盟、中国市场),这本身就增加了中国在这场全球供应链重塑博弈中的筹码。中国消费市场发展出来的一系列特点,例如智能化、重体验、响应快,也反过来会直接影响到全球市场,强化中国制造对供应链的控制力,电动车就是最好的案例。科技战压力下自主研发与全球合作并举的研发模式需要持续开放,吸引全球人才,扩展生态。

在全球供应链重塑的大潮之下,如何主动有为去参与重塑,到底要持续构建哪些核心竞争力,需要我们对全球供应链本身有更深入的认知。

复杂供应链的三大特点

在新书《供应链攻防战》中,供应链问题研究专家林雪萍总结了全球复杂供应链的三大特点。

第一是连接力。连接力描述了供应链条上企业之间复杂的关系。供应链是链条,也是网络。链条上的企业相互连接,每个企业又在产业生态和跨行业支撑中相互配合,形成网络。一个良好的供应链上下游的关系一定不只是交易性的,不是简单的低价胜出,它需要企业之间彼此的默契、配合、信任与深度交流,并在此基础上推动成熟供应链上整个产业的知识流动。

我们常用供应链的集群效应来描述连接力,简言之就是类似的企业扎堆之后会形成能力的溢出效应,在不同产业之间相互促进,同时吸引多元人才在特定地区聚集。比如深圳被称为"硅的三角洲",就是从华强北经过 20 年成长而成的数字硬件产品供应链集群,让希望做数字硬件创新的企业都可以在这里迅速打样,规模化生产。又比如,21 世纪初中国制造在光伏领域内积累的供应链能力,支撑了 10 年后液晶面板中国制造的大爆发。

连接力是审视中国制造核心能力的一个重要视角。中国制造的核心竞争力是配套完备、高效率、快速响应和灵活度,其基础恰恰是全球连接力。范围广且多层级的中国供应商已经在全球贸易体系中建立了长期信任与合作的关系,并浸润在供应链看不到的知识交换中不断成长。全球连接力越是多样、复杂,与中国制造脱钩就会变得越困难。

第二是控制力。全球化推动了跨国公司的长足发展,而顶尖的跨国公司通常都是供应链的核心企业,或被称为链主企业。它们对供应链有着强大的塑造力,即控制力。

苹果在其供应链(俗称果链)上扮演的角色就是典型的链主角色。供应链从来不是简单的采购关系,链主与上下游企业形成了复杂的知识交换关系。链主企业一方面需要不断向供应商分享研发技术,另一方面也需要对供应链的能力边界有充分的了解。苹果的每一次设计都能推动电子制造能力上一个台阶,原因是苹果的设计师对供应链制造能力有足够了解,能不断推动供应链制造能力向上限突破。

果链上的企业会在持续合作中不断成长。简单审视一下苹果手机过去 10 年供应商的变化,不难看出,中国供应商无论是数量还是价值贡献度,都有显著的提升。

但果链同时又是流动的。苹果一直坚持自购设备自主研发零部件,这就让苹果持续拥有对果链的控制力,会为了节约成本定期更换供应商。2023 年,苹果在印度开始生产最新的 iPhone15 也是它对果链控制力的体现。果链上的供应商必须跟随,而印度本地供应商也将迎来发展的机会。

相比之下,以光刻机巨头阿斯麦为核心的高端芯片制造的供应链则凸显出高科技领域供应链很强的嵌套性。高端光刻机的研发和商用依赖阿斯麦与全球合作伙伴的深入合作。它们之间形成牢固的协作、共享和互信的纽带,在此基础上建立了高度的知识分享机制。利益捆绑也很重要,比如英特尔对阿斯麦的战略投资,或者阿斯麦对蔡司十亿欧元的投资。这些意味着阿斯麦很难更换供应商,它对供应链的控制力也就呈现出一环扣一环的嵌套现象。要想突破高端光刻机的卡脖子技术壁垒,需要理解光刻机供应链作为复杂系统的环环相扣。

第三是设计力,也就是对供应链的综合管理能力。技术差距容易看到,组织能力的差距却很难被外人觉察。管理供应链的综合能力的缺失,可能是导致技术短板的根本原因,也是系统性设计能力弱的表现。

梳理一下供应链的三大特点不难发现,中国制造在全球连接力上成绩出众,控制力次之,需要更多企业努力成为供应链的龙头企业,设计力上则需要在有机会通盘掌握之后不断学习。

吸取美国与日本的教训

全球供应链的重塑有市场因素的推力和非市场因素的拉力,前者表现在供应商向劳动力更便宜的市场转移,后者则体现在跨国公司纷纷在地缘政治压力下,在东南亚、墨西哥等地构建备份的生产基地。这样的推力和拉力并不是这个"去全球化"时代所独有的,过去30年,日本和美国在外力影响下各自供应链发展出现的问题,就值得审视。

首先来看日本的教训。日本的教训是供应链不够开放,忽略内容供应链发展。

20世纪90年代,日本企业在消费电子领域可谓风光无二,电脑和手机都可圈可点。但半封闭的日本市场没能充分理解正在发生的全球化浪潮,即电脑和手机都呈现出模块化生产和外包趋势。全球化是在全球整合资源的大外包,相比之下,日本半封闭的制造没能充分参与全球化分工。在电脑、手机等领域已经开始全球供应链配置之后,日本制造逐渐失去了竞争力。

半封闭状态所形成的平行供应链也让日本电子制造失去了对全球市场变化的敏锐判断,变成了加拉帕戈斯群岛式的本土进化。20世纪90年代到21世纪的最初十年,日本市场内的手机和电脑不乏本土创新,但因为缺乏与全球市场的充分竞争,之后不断落败。

更致命的是日本电子制造对全球内容供应链的忽略。全球其他主要市场都开始拥抱内容供应链,通过软件整合硬件,用内容来激活硬件,用服务形成生态系统。什么是内容供应链?其核心是理解客户需求,用服务赋能产品。互联网带来了内容的繁荣,才会催生硬件的支持。不了解内容,没有对客户需求的理解,很难做出好的硬件产品来。在这一过程中,苹果的崛起和日本消费电子公司的衰落是最好的例子。

在知识经济时代,制造的进化需要找到合适的应用场景。21世纪初,东芝研发出直径只有硬币大小的袖珍硬盘,但却找不到商业应用场景。2001年苹果的研发人员拜访东芝时,马上就意识到东芝的袖珍硬盘恰恰可以成为正在设计的iPod上能装满1 000首歌的硬盘,乔布斯拍板出价1 000万美元获得独家采购的授权。可以说,东芝的袖珍硬盘帮助苹果的iPod一炮打响。在曾经引领消费电子潮流的国度,东芝的创新竟然无用武之地,的确值得检讨。

日本的教训不可谓不大。因为供应链不够开放,忽略了供应链全球知识交换的属性,在迈向知识经济的转型过程中,没能及时拥抱全球内容供应链,其结果是虽然日本硬件制造能力很强,但在软件和信息服务领域远远落后于美国和中国。

再来看美国的教训。美国的教训是产业空洞化一旦形成,就会抑制制造创新,而且再工业化困难重重。

美国的问题是整个制造业的生态在过去 30 年的外包大潮中被连根摧毁。虽然美国的跨国公司并没有把自己作为链主企业的控制力拱手相让,但美国设计必须在海外制造,这让美国本土已经失去了制造业恢复的土壤。

外包导致大量工厂荒芜,与制造相随的车间创新开始减少,因此制造领域创新也很难有机会在美国落地。低端制造被低估之处就是它拥有巨大的连接力。一旦复杂供应链的连接被切断,失去了与制造的深度链接,源头创新也会失去光芒。

"加州设计、中国制造"是苹果惯常的标签,也是美国制造业外包最常见的形式。制造与设计的长期分离成为常态。这意味着美国的制造业复兴在短期内是不可能实现的任务,因为重塑一个多层次的供应商体系,培养不同类型的工人群体,不可能一蹴而就。

吸取日本和美国的教训,中国制造面临全球供应链重塑需要有两点定力。

首先,千万不能忽略全球供应链的知识交换和溢出效应,要保持供应链的开放。

突破高技术封锁,需要国产化和自主创新,但不能据此就认为未来的竞争需要全面国产化,尤其不能因此推断出应当推动供应链的全面国产化。日本的经验告诉我们,即使制造能力强大如当时的日本,如果逐渐失去与全球供应链进行知识交换的机会,也会落后。

其次,供应链的搬迁不是简单的工厂的搬迁,而是一种生态的集体切换,供应链重塑也不是简单的产业升级。美国制造业空洞化的根本原因是跨国公司在逐利驱动下对供应链的主动搬迁。面临被动搬迁压力的中国制造,就更应该理解中国制造完备性的优势,保持全球连接力是中国制造保持竞争力的关键。

中企再出发

如果说 10 年前提出中国企业出海背后主要的推手是产能过剩,现在我们提中国制造的再出海则是对全球供应链重塑主动应对的竞争战略。

中国制造再出海的背景虽然有一层被迫和曲线救国的意思,即美国对中国制造作了一系列的限制,让跨国企业、中国龙头企业和中国供应商都需要转移阵地。但同样,我们也需要在理解这种出海背后的深层次逻辑的基础上作出规划。

首先,在积累对供应链控制力的同时,不能动摇中国本土供应链的全球连接力。德国和日本的经验就值得我们学习。丰田采用母子工厂方式,在新兴市场复制自己的制造能力,但并没有削弱本土的制造能力,选择将研发制造作为母工厂留在本土,在世界各地建立子工厂的制造基地。西门子也是如此,其在成都构建的全自动工厂就是本土安倍格(Amberg)数字工厂的姐妹版。

其次,去全球化也有其游戏规则,要充分利用游戏规则确保对游戏的持续参与。跨国企业因为其有对供应链的控制力,才能重塑供应链。但我们需要清楚地认识到,这种供应链转移并不完全是商业逻辑所构建,而是跨国公司应对全球地缘变化的理性选择。中资出海顺应这一重塑的趋势,也会涌现出新机会。

最后,在这一过程中,需要加强供应链的设计力。供应链的转移势必意味着要去适应全新的环境,不仅龙头企业需要思考,供应商也需要思考,搬迁到这些新兴市场背后的代价是什么?可能遇到什么样的困难?

比如,富士康想要在越南或者印度完全复制中国生产制造模式并不容易。印度和越南工人都不愿意住宿舍,富士康就很难简单复制在郑州那种动辄规模 10 万人以上的工厂,整体而言制造的效率提升会慢一些。此外,印度也缺乏类似中国的地方政府支持或者足够成熟的大规模工业园区。

中国供应链重塑三问

第一问,中国制造在连接力、掌控力和设计力上与跨国公司到底还有哪些差距?

假设没有中美竞争大博弈的背景,推动中国制造进化的逻辑是什么？我们需要主动去审视中国制造的转型之路，而不是简单地套用"冲击、反应"的被动应变的模式。中国存在巨大的产能过剩，因为中国制造原本的逻辑就是为全球制造，而不是仅仅为中国市场所制造。换句话说，中国制造是美国制造空心化的镜像。这时，中美脱钩也好，去风险也罢，需要回答一个关键问题，如果出口市场发生巨大变化，中国制造的转型之路是什么？

第二问，在全球供应链重塑的过程中，该怎么去利用中国作为"洲际市场"的这一巨大杠杆？

全球比较，日本和德国都是和中国一样的制造和出口大国——其制造和出口的能力都超出了本土的需求。但中国与日、德最大的区别在于，中国是一个人口大国，一个仍然在扩张的洲际市场，日、德不是。在全球供应链重塑中要有所作为，就需要用好中国作为洲际市场的内需潜力这根杠杆。

作为洲际市场，中国的开放程度非常高。全球企业在大众消费品、奢侈品、汽车/电动车等各个领域展开充分的竞争。一方面中国中产的持续增长会推动这些产业的良性发展，另一方面这也是中国崛起新势力的基地，竞争激烈。全球企业不可能忽略中国市场，不仅因为其自身追求增长所需，也因为这里可能孕育未来的全球竞争对手，需要它们花更多时间去琢磨。

2023 年 4 月的上海车展给全球汽车行业的冲击就是最好的例子。时隔三年，中国电动车行业可谓一飞冲天，不仅制造和体验可圈可点，消费者洞察所驱动的品牌塑造更让全球百年车企感受到了压力。

第三问,中国年轻人会作出什么样的职业选择?规划中国制造的未来,需要理解中国年轻人的选择。中国作为洲际市场的变量,其核心是不断地消费增长和消费升级。这样的消费升级与代工厂所需要的工人是脱节的。我们必须要问一个重要的问题,未来年轻人还愿意做供应链上最柔性的那种投入品么,尤其是机器短期仍然无法取代的流程?

这种柔性体现在诸多方面。比如,为了加强供应链的管控,工人需要住宿舍;为了赶工期,需要随时加班;因为制造业是季节性的,比如苹果出品的节奏是 9 月更新换代,11 月之前要为感恩节和圣诞季备货,所以夏季需要工人超常忙碌,而冬天的活却很少。他们会愿意加班,或者为了追求工作机会像候鸟一样从一个工厂迁徙到另一个工厂吗?此外,为了强化供应链的响应速度,比如为了满足直播电商带来的脉冲式需求(一晚上销售过亿)或者应对在线电商 Shein 这样把选品数量进一步扩大、选品规模进一步缩小、迭代节奏进一步加速的商业模式变化,都需要供应链变得更加灵活,也意味着工人的上班节奏更加灵活,他们愿意为此牺牲自己的生活么?

重塑全球供应链不是一朝一夕的事,而是一整套涉及各种变量的系统工程。供应链搬迁是延时函数,会历时 5 年到 10 年。脱钩说起来容易,做起来难,全球连接力越强,脱钩的几率就越低。这些都是中国制造积极参与重塑全球供应链的理由。如果说在全球化的路上可以"搭便车",在去全球化的道路上则绝对不能只做"乘客"。

极端天气引发对"人类世"的反思

—— 当"资本论"遇到"进化论"

2023 年的 7 月是人类有史以来最热的一个月份,联合国秘书长古特雷斯甚至发出警告,"全球变暖的时代已经结束,全球沸腾的时代已然到来"。

2000 年,荷兰气象学家兼化学家保罗·克鲁岑(Paul Crutzen,1995 年诺贝尔化学奖得主)提出,人类对地球的影响足够深远,人类在工业革命之后已经成为改变地质时代的主宰,令地球进入一个全新的地质纪元——"人类世"。二十几年后,极端天气频发成为地球夏天的常态。我们不禁要追问,我们要给"人类世"留下什么遗产?

气候变暖导致的极端天气频发,正在给人类敲响一个重要的警钟,我们不仅需要对工业革命以来的化石能源的使用加强限制,尽快碳达峰,更需要对工业革命之后 200 多年来的全球经济发展模式做一次深刻的反思。现在到了"资本论"碰撞"进化论"的时候。

工业革命后 250 年的经济发展,给地球和人类带来了三大改变。

首先,人类第一次走出马尔萨斯陷阱,创造出了前人难以想象的繁荣,全球人口突破 80 亿。

其次，我们可以掌握和使用的工具具有前所未有的强大力量，给我们以一种"人定胜天"和"改天换地"的幻象。

最后，我们构建了一个超复杂的系统，全球经济、技术发展和环境变化呈现前所未有的关联性和互通性。

推动经济发展和技术进步背后有一系列发展主义的思潮支撑。

第一种思潮是经济发展至上主义（或者说 GDP 锦标赛），把经济发展本身作为目标，认为人类在地球上的活动就是谋求经济发展。这种用经济发展的一元指标来衡量人类社会的模式，会带来负外部性没有人愿意承担的结果。气候变暖和环境破坏就是经济大发展所带来的负外部性的集中体现。

与 GDP 锦标赛相关的还有两大思潮：一种被称为丰饶主义（cornucopianism），认为发展可以解决任何问题；另一种是科技万能主义，认为技术的加速迭代可以让人类拥有更高效的工具来解决任何问题。

物极必反，气候变暖的严峻考验需要我们跳出上述三种思潮所代表的唯增长论，用全新视角来审视"人—技术—地球"的关系。

首先，我们需要把地球当作一个整体，人类和其他生物一样，并不是地球的主宰，有责任让可持续发展生根。其次，我们需要理解面临问题的复杂性，应对气候变暖所带来的难题已经不是简单的节能减排所能维系的，需要考虑的维度很多。最后，我们需要重新定义发展，即重新定位人类与地球的关系。

甜甜圈经济学——重新定义发展，引入系统思维

英国经济学家凯特·拉沃斯（Kate Raworth）在 2012 年提出了"甜甜圈经济学"*的概念。在同名的著作中，她明确提出，未来的经济发展不应该再是 GDP 锦标赛，发展的目标必须改变。GDP 锦标赛带来了两大问题需要解决：一方面是收入和财富的不平等持续加剧，另一方面则是环境的破坏与日俱增。她认为，21 世纪需要树立更为远大的目标——在地球可持续发展的前提下，为每个人创造可能。

甜甜圈为人类的发展模式提供了一个形象的比喻：内圈是社会的基础，外圈则是环境的上限。在两者之间，是经济可持续发展的运行空间。超越了环境的上限，就可能带来巨大的危险。

甜甜圈经济学提醒主流经济学家，不要陷入"衡量只可以衡量"的陷阱中——因为经济的产出可以量化，而环境的影响难以量化，就忽略了将整个地球当作一个复杂系统来整体衡量。需要跳出单一 GDP 增长的维度，从多维度去审视发展问题。换言之，甜甜圈经济学就是要运用系统思维和环保思想，来修正传统经济学中不断增长且永无停歇的发展假设。

　＊　[英]凯特·拉沃斯：《甜甜圈经济学》，文化发展出版社·磨铁数盟 2019 年 12 月版。

甜甜圈同样是对地球生态的隐喻。如果把地球看作一个整体，那么无论是资源还是适宜的生存空间都是有限的，承认这一巨大限制的存在是我们审视人类未来可持续发展的前提。拉沃斯的核心观点一再提醒人类，对地球要尊重边界，别过界。这是对人类世的反思，人变成全球的主宰，也可能成为世界毁灭的刽子手。

如果意识到地球的资源是有限的，那就能清晰认识到经济无法无限增长。这恰恰是甜甜圈经济学的离经叛道之处。拉沃斯提出，经济发展的方向不应只有一个。向上，或者说经济增长，并不意味着会带来更美好的生活。经历了250年大发展之后，人类需要对更美好的生活作全新的诠释。

其实资源的限制人类早已认知，比如几十年前就有人提出了石油达峰（Peak Oil）的风险，意识到化石能源并非取之不竭，直接推动了可再生能源的发展。气候变暖，则让人类需要更清晰地意识到人类社会的适应力上限。

甜甜圈经济学的另一个核心观点，是在传统经济学之外引入多维度的视角去思考地球未来发展的议题，为研究发展引入了系统思维。地球是一个复杂系统，工业革命后，人类经济和社会的狂飙给这个系统带来了各种新的变量。气候变暖只是人类的生产和生活给地球带来巨大改变的一个例子。试图分析气候变暖背后的动因并提出有效的政策，需要理解这些变量之间的相互关系，意识到系统的动态性，了解形成平衡不容易，以及系统平衡被打破之后修复有很长时间的滞后性。应对气候变暖，需要深刻理解复杂。任何试图化繁为简、一劳永逸的解决方式,或者说突出某个问题,而忽略了其他问题的方式,都不可能长久。

自然资本——理解循环再生的道理

如果说《甜甜圈经济学》给主流经济学提出了尖锐的挑战,那么布鲁诺·罗奇(Bruno Roche)在《互惠资本主义》*中则试图重新定义资本主义。

在金融资本之外,罗奇提出了人力资本、社会资本和自然资本概念。虽然资本主义是人类几千年来组织市场经济的一种方式,追求股东利益最大化却只是过去几十年金融资本逐渐发达过程中出现的新思潮。罗奇认为,现在这种只追求股东利益最大化的经济组织形式已经出了问题:一方面金融资本主导的资本主义可能并不是最有效率的;另一方面,不同资本的相对稀缺性正在发生变化,比如金融资本在二战后是稀缺的,现在已经不再稀缺,稀缺的反而是其他资本,尤其是自然资本。

《互惠资本主义》站在企业管理者的视角(罗奇曾经担任食品企业玛氏公司的首席经济学家),强调应该将企业关注的资本拓展外延,不仅涵盖金融资本,还需要充分挖掘人力资本和社会资本,同时

---

* [法]布鲁诺·罗奇、[美]杰伊·雅各布:《互惠资本主义:从治愈商业到治愈世界》,中信出版集团 2018 年 1 月版。

着力保护自然资本。以气候变暖为例,需要理解自然资本的局限,总体衡量地球的边界。只有全面考虑其他资本,才能创建出更具活力和效率的全新经济组织方式。

罗奇同时提出,对各类资本都需要像金融资本那样去考核,形成一个类似会计的原则。以自然资本为例,这种会计并不是简单给自然资源加上一个价格,而是要去测算,如果消耗了一定规模的水,是否可以再生更多的水。

有趣的是,罗奇从《圣经》旧约的智慧出发,提出人力资本、自然资本和金融资本都需要休息,需要再生。旧约里就提出人要做六休一,每七天休息一天,为了恢复体力,补充精力;土地需要每耕种六年,休耕一年,同样也是为了补充田力;而金钱也需要在 49 年之后休息一年,被称为禧年,在这一年中,债务人和债权人之间的所有债务都应被取消,给商业社会削减债务负担,给每个参与者以重新开始的机会。

禧年理念的提出,重温了一种思考人类、环境、财富以及它们在世界上各自所处地位的古老智慧。我们需要定期重设规范以保证繁荣。我们也需要尊重经济增长的关键支柱,清晰地意识到地球、人力和金融资本的共通性,即它们都需要休息、再生与循环。禧年可以将人们从过度劳累和过度负债中释放出来;将地球从过度使用和过度开发中解放出来;将财富从少数人的过度积累中释放出来;将发展从线性的增长纳入到循环再生的轨道中去。

精要主义——颠覆丰饶带来的幻觉，重塑拥抱科技的原则

丰饶主义有两层意思：一方面以时间换空间，发展是硬道理，发展能解决固有的问题；另一方面则是消费主义，鼓励超前消费，认为消费是现代经济增长最主要的引擎。科技万能主义则过度美化科技进步，认为任何复杂问题都可以用未来黑科技解决。走出唯增长论，需要跳出丰饶主义和科技万能主义。这就需要我们重新定义现代人的需求，厘清对科技的态度。

《精要主义：如何应对拥挤不堪的工作和生活》*追问现代人的物质需求到底要多少才足够。它所提出的一个人应该把所有家当装在两个皮箱里的构想，代表了对消费主义这种二战后美国经济主导的发展模式的否定。硅谷创业的胜利，让社会充斥着一种"科技万能主义"的思潮。比如，以追求百岁人生为例，"人定胜天"的硅谷创业者认为现在只要能活得够长，就能达到死亡的"逃逸速度"，科学的飞速发展会让"永生"成为可能。这种思考方式最大的盲点是忽略了整个社会平衡被打破后可能带来的意想不到的后果：如果永生成为少数巨富的特权，社会不平等的矛盾激化怎么办？如果永生

---

* ［英］格雷戈·麦吉沃恩：《精要主义：如何应对拥挤不堪的工作和生活》，浙江人民出版社·湛庐文化 2016 年 4 月版。

被普及,人类社会缺乏思想的新陈代谢又会如何?

《数字极简主义》(*Digital Minimalism*)*则针对丰饶主义和科技万能主义给出了两条建议,灵感来自《瓦尔登湖》和拒绝现代科技的阿米什人(Amish)。

梭罗的《瓦尔登湖》呈现的是一派隐居自然的田园风光,向往回归简朴(农耕)生活,是美国版的桃花源记。但是梭罗在书中也阐发了对另一种经济组织形式的向往,一种不同于工业革命所带来的资本主义的生活方式。梭罗计算了一下一年简朴生活的费用,大概相当于去农场每周打工一天的费用。他回答了100年前凯恩斯就提出的困惑——如果每周只需要工作一天就能过上足够富裕的生活,其他的时间怎么办?答案是回归自然!

更重要的是梭罗提出,为了更多的收入而增加劳动并不是一直划算的。如果耕种一亩地一年能赚100块,耕作60亩地就能赚6 000块,农民应该怎么选择?多付出,多赚钱么?有没有限度?如果你考虑到付出时间的成本,耕作60亩可能需要的融资成本(贷款买农具和肥料,雇用长工短工)以及应对气候变化导致收成波动而带来的精神压力,就不一定会同意多劳动比少劳动是更好的选择。过什么样的生活,需要考虑时间成本、需要选择和取舍,这是《瓦尔登湖》提供的另一视角。

可叹的是,当代人非但没有像凯恩斯100年前所预测的那样,每

---

* Cal Newport, *Digital Minimalism*: *Choosing a Focused Life in a Noisy World*, Portfolio, 2019.2.

个人只需要每周工作 15 个小时就能过上富足的生活,工作时间反而日益加码,压榨生活的时间。可见唯增长论影响之广泛。

阿米什人是生活在美国宾州德裔的保守宗教团体。在一般人眼里看来,拒绝现代科技的阿米什人给出了一种如何有选择地拥抱现代科技的样本。阿米什人并不完全排斥科技,但在选择在什么场景中使用新科技之前,他们要回答两个问题:使用某一科技的益处多,还是坏处多?使用某一科技对于他们特别崇信的社群观念是否会带来负面的冲击?

比如,阿米什人不允许家庭买汽车,所以对他们最常见的印象是,在现代社会中,他们还赶着马车上路。但是阿米什人并不阻止族人乘坐别人开的汽车,因此阿米什人也会用优步。从阿米什人审视科技的视角出发,就不难理解他们的选择:汽车作为一种现代工具的确给人们带来了方便,因此可以使用;但他们认为汽车可能导致社区和社群的解体,因为汽车是释放个体自由最重要的力量,一个家庭有了汽车就会想着周末开车出去郊游,就有可能不再在周六光顾社区的市场、周日前往教堂做礼拜,更不用说家庭之间面子上的攀比,所以他们禁止拥有汽车。

凯文·凯利在《5 000 天后的世界:AI 扩展人类无限的可能性》*这本预测科技推动变革的书中也特别推崇阿米什人对新科技的"审美标准",认为阿米什人对家人和社区的态度应该成为大多数

---

* [美]凯文·凯利:《5 000 天后的世界:AI 扩展人类无限的可能性》,潘小多译,中信出版集团 2023 年 4 月版。

人在"后物质时代"的选择标准。他把阿米什人审视科技的标准也总结为两点:第一,是否可以让生活变得更轻松,让他们有更多时间陪伴家人? 第二,是否增加社区的黏性? 因为回归社区和社群是对科技带来的负面影响最好的对冲。

换句话说,回归自然与回归人群,而不是无限制地享受物质,无条件地接受科技变革,是未来推动可持续发展的重要维度。

自然共生——在资本论之上叠加进化的视角

如果从 1870 年上一轮全球化开启到 2010 年这一轮全球化的末尾来计算,在这个超长世纪的 140 年中,全球经济发展是惊人的。经济发展几乎成为我们最熟悉的这段历史的唯一主题,对大多数地球人而言,这意味着稀缺已经成为被遗忘的记忆,丰饶塑造了我们的世界观。

工业革命带来的剧变,也让我们产生了一系列"人定胜天"的错觉,而这样的错觉让我们在复杂的地球面前变得自大。这种错觉代表了工业革命之后,现代性对人类社会的彻底重塑,却也让人类跳出现代、科技、发展的框架,从自然、进化、共生的视角重新审视人、人类社会以及人类与地球的关系。这不仅因为自然的复杂超乎我们想象,需要人类保持谦卑,也因为物质文明的发展背后其实隐藏着巨大的也是常常为人类所忽略的代价。

放在人类发展 20 万年的历史长河中看,短期的丰饶并不一定指向长期的繁荣。《21 世纪进化论》*特别提醒我们,未来人类的发展并不只有经济增长一途。与科学发展、GDP 为纲的发展模式相比,自然共生的可持续发展更可能带来长期繁荣。这本书不断追问,表面丰饶的假象,或者人类不断扩张地球可以容纳的空间,是可持续的么? 其代价到底有多少? 发展论带来的新颖和奇特,又掩盖了多少更为重要更为持久的价值?

自然共生,需要我们面对大自然的复杂生态,保持一定的敬畏之心,同时又保持不断探索的能力。回归自然,与自然互动,培养成长所需的勇气和好奇心,培养对意外事件和未知事物的开放态度,鼓励思想的碰撞,才能在自由探索中不断创新,这恐怕是"资本论"与"进化论"碰撞的最大意义。

---

* [美]希瑟·海英、布雷特·韦恩斯坦:《21 世纪进化论》,贾拥民译,中国纺织出版社·湛庐文化 2023 年 2 月版。

地缘危机加速全球绿色转型

2022 年可谓全球绿色发展大转折之年。

2 月开始的俄乌冲突一下打乱了欧洲新能源转型的时间表。过度依赖俄罗斯天然气的欧洲各国,尤其是德国,突然意识到戒除对俄罗斯能源依赖的迫切性,重新思考新能源转型的路线图。夏天全球极端天气频发,凸显了气候变暖的肥尾效应。依照历史气象数据判断出的所谓百年一遇的洪水或者干旱,发生几率大幅提升,给人类频频敲响警钟。秋天埃及气候变化大会上公布的数字不再乐观,全球气温已经比工业革命之前上升了 1.2 度。很明显,《巴黎气候协定》所倡议的在 21 世纪将气温上升控制在 1.5 度的目标已经很难达成,大家都需要为气温平均上涨两度甚至更多的世界做好准备。到了冬天,意外的暖冬让整个欧洲都松了一口气。

我们常用"乌云上的金边"来形容危机中涌现出来的新机会。2022 年的地缘危机的确推动了全球绿色转型,这主要体现在四个方面。

第一,它加速了欧美各国对太阳能、风能等传统可再生能源的投资。2022 年全球对风能和太阳能的投资首次超过了对新建和现有油气井的投资。

第二,它引发了对全球碳达峰路线图的全新思考:天然气作为绿色转型的过渡品是否适宜?如何重新审视清洁煤电?如何权衡氢能在制造业绿色转型与发电领域内的比重?是否该消除对核能的偏见?

第三,在地缘危机下,欧美的产业政策加速电动车替代传统汽车的步伐,制造电池的绿色金属矿产资源正在取代油气资源,成为未来最重要的大宗产品。地缘危机也加深了关于能源安全的焦虑,无论是欧美电动车及相关产业链的布局,还是对制造电池相关的绿色金属的争夺,都展现出这种焦虑所导致的去全球化/区域化的趋势。

第四,清洁能源相关的新技术,无论是储能还是碳封存都充满不确定性,能否迅速规模化,能否大幅降低成本,能否在高利率时代吸引足够的资金投入,都是现实的问题。

相应的,在推动绿色转型的过程中,如何避免"染绿"(greenwashing)行为,即用新技术装点门面掩盖高排放的现实,也需要深入讨论。此外,全球能源转型还需要加大对发展中国家投资绿色能源的帮助,并平衡绿色能源投资与相对廉价的传统能源的使用。

地缘冲突带来的阻力和推力

地缘冲突为全球绿色能源转型带来了短期的阻力和长期的

推力。

阻力体现在为了替代俄罗斯油气供给,势必短期增加全球油气资源的开发和对煤炭等传统能源的使用。因为没有足够的可替代新能源能够快速上线弥补天然气的不足,煤炭的使用量短期会增加。欧洲在减少对俄罗斯天然气依赖的同时,也在增加新的液化天然气(LNG)基础设施,转而使用其他国家提供的天然气。

虽然减少化石能源的大目标并没有动摇,气候变暖的肥尾效应和地缘冲突带来的油气价格巨幅波动还会加速这一步伐,但新能源投资的发电装机容量短期不可能大幅提升,全球仍将在一段时间内持续依赖天然气和煤炭。

俄乌冲突对西方各国退出海外化石能源投资承诺也会产生影响。在2021年格拉斯哥气候变化会议上,超过20个国家,包括德国、意大利、英国和美国承诺在2022年底终止任何对海外化石能源项目的公共投资。而俄乌冲突让欧盟延长了对天然气基础设施的投资,同时增加了海外油气资源储备。

推力则表现在欧洲(尤其是德国)的中长期绿色能源转型的路径会彻底扭转。俄乌冲突前,欧洲对俄罗斯天然气的依赖为45%,德国更高,达到55%。

冲突发生后,为了戒除对俄罗斯天然气的依赖,欧洲加速了对太阳能和风能等可再生能源的投资,也加速了对氢能源的投资,还松动了对核能的讨论。2022年年末的一项热核聚变的小突破,更让全球对安全核能再次产生出极大的兴趣。

当然,地缘危机也在能源转型的讨论中添加了安全的框架,无论是现有的油气资源,还是未来的绿色金属的供应安全都成为各个国家和区域最关注的议题,而这种安全焦虑也将彻底重塑原本全球化的大宗商品的开采与供应。

全球绿色能源转型路线图的全新探索

外部环境的变化塑造了全球绿色能源转型的路径。2021 年格拉斯哥气候峰会给定的路径是全球达成减碳的共识,许多发达国家确立了 2050 碳中和目标,中国也提出了 2030 碳达峰、2060 碳中和的目标。

在如何实现这一目标上,也形成了一些基础的共识,比如逐渐减少煤电的装机量,天然气火电是一个比较好的过渡阶段替代品,长期而言,绿氢(可再生能源生产的环保氢气)、核电和相应的储能设施非常重要,而电网基础设施也需要转型,以应对太阳能和风能等可再生能源分配不均(需要远距离输变电)和间歇性发电(阴雨天、夜晚、无风时需要调峰配电)的问题。

俄乌冲突之后,这样的基础共识被重新思考。发电是减排的重要环节,占全球碳排放的 27%。在全球火电转型中,天然气被认为是重要的过渡产品,尤其是在碳达峰的过程中。天然气比煤电的能效要高,二氧化碳排放只有后者的一半。但俄乌冲突为整个天然气发电的前景带来了彻底的转变。天然气火电厂运营成本中，天然气的成本约占 75％，天然气价格飙升直接导致电价的上涨。

俄乌冲突所导致的天然气价格飙升也刺激了对煤炭的需求，让整个火力发电的转型变得更为复杂。如果直接比较煤炭和天然气发电厂，煤炭约占煤电发电成本的 50％，显然在油气价格大幅波动的世界，煤电的成本优势更为明显。相较于天然气，煤炭的储备也更为丰富。此外，虽然天然气发电效率大概为 60％，二氧化碳排放量也较少，但煤电技术也在不断改善，超临界燃煤电厂的效率已可以超过 45％，所以从成熟技术和成本优势的角度来看，煤电并非没有前景。

成熟煤电技术也可以具备更高的减排效果，煤电添加碳封存(CCS)可以大幅降低二氧化碳排放。在天然气供给被重塑的情况下，煤电变得短期不能被轻易取代，即使是中期，对发展中国家仍更具吸引力。此外，从增加整个电网韧性的角度上分析，煤电也仍将是重要的补充。

换句话说，发电的新能源转型并不是一条从煤电经由天然气火电过渡迈向清洁能源的单行线，会出现不少反复。而发展中国家在煤电驱动的成熟廉价能源和清洁能源之间进行的选择，如果无法得到足够的发达国家的帮助，答案是不证自明的。

绿氢是另一重要的绿色能源，无论是推动全球制造业减排，还是推动交通运输领域内的绿色转型，都有巨大潜力。但如果以技术成熟度来评价，它在规模化应用和成本控制上仍充满不确定性。

地缘危机强化了氢作为未来另类能源的地位。全球目前有 350 多个大型项目正在进行中,到 2030 年累计投资可能达到 5 000 亿美元。摩根士丹利估计,到 2050 年,氢的年销售额可能达到 6 000 亿美元,是目前销售额的 4 倍。

绿氢使用的一个主要市场是长距离交通运输。相比电动卡车,氢能卡车补充燃料速度更快、载货空间更大、行驶里程更长。内陆河流航运船舶和海运货轮,如果以绿氢为燃料,减排效果也会非常明显。此外,氢还可以用于大量储存和运输能量。在没有风或阳光的情况下,可再生能源的电网将无法发电。如果在电力充沛时将可再生能源水分解成氧和氢,就可以利用氢气储存这些能量,并且在有需要的时候再转化为电力。

在重工业中,钢铁和水泥是全球最主要的碳排放源头,占全球碳排放的 31%,减排甚至零碳需要对制造工艺进行全方位梳理。比如钢铁行业采用绿氢,北欧因为有得天独厚的风能和水力资源而领先。水泥行业工艺改变比较难,必须要对石灰石加热,减排的主要思路是碳封存。

地缘变化也改变了大众对核电的看法。欧美大众普遍认为核电有核泄漏风险,因为从切尔诺贝利到日本福岛核电站的一系列核泄漏事件都给核电贴上了坏标签。但这种偏见其实极大忽略了核电的一系列优势,比如原料成本低、运营边际成本低、碳排放低等。2022 年底,美国国家点火装置成功实现了核聚变点火,又让大众对清洁核能产生了更多期待。

绿色金属角逐场

石油在汽车行业的替代品是电池,于是制造电动车电池所需的锂、镍、钴、稀土等金属变得日益重要,这些金属也因此被称为绿色金属。汽车行业正在加速电动车的转型,造车新势力和传统车厂第一次齐头并进。绿色金属的矿产资源将逐渐取代油气资源,成为全球最主要的大宗商品。到 2030 年,电池驱动的汽车在全球汽车销量中的占比可能会从 2021 年的 10% 增长到 40%,这可能相当于每年销售 4 000 万辆电动汽车。而到 2040 年,绿色金属采矿业的规模可能将达到 1 万亿美元。

中国不仅是电动车最大的创新市场,也在全球绿色金属供应链提前布局。车用电池的快速发展带动了业已火爆的绿色金属的行情,锂、镍、钴、稀土等金属从开采到精炼的产业链不断发展,价格也一路飙升。目前,全球近 70% 的锂、84% 的镍和 85% 的钴都由中国公司精炼。

地缘冲突为全球电动车、电池工厂、车用电池相关的绿色金属开采和精炼增加了一个完全不同于汽油车时代的全球竞争框架,围绕绿色金属的争夺也将与地缘政治深度捆绑,避免"卡脖子"将成为欧美强调电动车关键技术和产业链自主政策的出发点。

美国推出最为激进的产业政策,吸引电池工厂和相关供应链转移到美国。《降低通胀法案》(*Inflation Reduction Act*)对电动车行业提供了可观的补贴政策,一辆电动车补贴7 500美元,条件是关键矿产、精炼材料和电池组件一定比例必须来自美国或其盟国,满足规定的新建电池工厂也能够得到相应补贴。美国的产业政策推动了从新能源创业公司到汽车厂加速在美国建设电池厂的步伐。

欧盟也有类似的政策。2021年欧盟在整个电池供应链上投资了1 270亿欧元,预计到2030年将再投资3 820亿欧元,其中大部分可能会投入供应链下游,帮助在2027年实现车用电池的自给自足。

面对地缘政治的新格局,中国企业采取了灵活应对措施。作为宝马和奔驰的供应商,宁德时代2022年在匈牙利布局,投资73亿欧元建设100吉瓦时的电池工厂。在美国,宁德时代选择"曲线救国",与福特合作在密歇根州建电池厂。为了享受美国针对电动车的优惠,双方采取技术合作方式建厂,由宁德时代授权福特生产成本更便宜的锂铁电池。

绿色金属的争夺战也让资源大国有了更多的选择空间。以拥有全球最大镍矿储备的印度尼西亚为例,印度尼西亚确立了垂直整合的产业政策,不再满足于做矿产出口国,而希望成为全球车载电池的供应商,推动电动车全产业链的本土建设。

全球绿色转型需要"系统思维"

全球绿色转型的讨论需要"系统思维",因为这不仅涉及新技术对旧技术的替代,也关系到未来30年转型线路图的设计,以及如何支持发展中国家兼顾发展与绿色。

一方面我们需要在成熟减排技术与不确定性很强的零碳技术间做好权衡;另一方面我们也需要避免"染绿"的行为,尤其是把一些绿色环保的指标作为噱头来吸引眼球,而掩盖持续排放的事实;此外,我们还要在第三世界国家的发展权与减排目标之间做好平衡,这需要发达国家予以发展中国家足够的资金与技术支持。

技术突破充满不确定性。1872年科幻作家凡尔纳就提出了氢经济,目前绿氢领域虽然已经吸引了大量投资,但距离成为重要的可再生能源还需要时日;1973年,业界就预言21世纪初会实现热核聚变的应用,但"核聚变发电离我们还有30年,而且永远都有这么久"。

碳封存技术是新技术发展不确定性的一个缩影(其他类似的行业还包括储能)。2021年9月,全球首家碳封存工厂奥卡在冰岛开启运营,引发全球关注。奥卡目前每年可以封存的二氧化碳大约4 000吨,成本平均每吨约700美元。全球每年燃烧化石能源产生约350亿吨二氧化碳,奥卡工厂的"封存能力"可谓杯水车薪。按照世界气候组织的要求,碳封存要想真正对延缓气候变暖产生效果,在2050 年之前需要达到每年封存 60 亿吨的能力,而且成本要控制在每吨 100 美元以下。

在推动绿色转型的过程中还需要算总账,减少"染绿"的行为。虽然行驶时,新能源汽车的零排放完全碾压汽油车,但电池制造环节的碳排放仍然可观。另外,电动车产量大幅增加也对电网提出了全新挑战。每年上千万辆新增电动车上网充电,电网的改造升级是否有足够的韧性来满足从化石能源到清洁能源的大转型? 如果电网没有完成绿色转型,电力仍然十分依赖化石能源,电动车整体的碳足迹会更高。

同样,推动新技术也需要系统思维。因为氢气需要人为制造,用不清洁的燃料生产氢气,同时又不配以高质量的碳封存,可能对抗击气候变化也是无益的。

新技术的开发、应用和推广都需要时间,除了产业政策扶持之外,还需要构建相关的金融市场和监管机制。覆盖全球的碳交易市场是推动新技术产业应用的重要推手,构建全球统一碳会计的标准也很重要,这有助于推动全球企业更统一和普遍地披露碳排放量。

推动全球绿色转型,还需要考虑发展中国家的需求,为它们提供更多帮助。粗略估计,要真正推动全球绿色转型,对清洁能源的投资需要达到目前每年 1 万亿美元的 3 倍,而且要集中投向排放仍在增加的发展中国家。如果从纯粹的商业角度去计算,气候政策倡议组织估算,因为营商环境的差距和融资成本的差别,要让一座太阳能发电厂能运营下去,在多云的德国需要7％的回报率,在阳光充足的埃及却需要28％。而欧美高通胀带来的高利率,推高资金成本,也让建设绿色发电厂更为艰难,因为这些电厂所需的前期投资要比传统火电发电厂大得多。

应对气候变暖是全球最大的共识,也会推动各国在各个相关技术和政策领域(比如碳交易)的协商与合作。应对气候变暖应该是超越地缘政治的,但过去一年的地缘政治危机为这一共识蒙上了一层阴影。美国在电动车的产业政策上表现出明显的排他主义,欧洲也因为俄乌冲突而更加强调未来电力基础设施的自给自足,这些都会给全球推动绿色转型带来新的障碍,值得深思。

思考 AI 未来的框架

10 年前,上海中心还没有封顶,在一部取景上海陆家嘴的科幻片《她》(*HER*)中还能看到未来中国第一高楼上的塔吊,但科幻片中的场景在现在看来却特别真实。回想一下,《她》中的聊天数字人 OS1 像极了某种 ChatGPT 应用的未来。名叫萨曼萨的 OS1 白天可以帮着主角西奥多修改文案(ChatGPT 已经胜任),晚上陪玩游戏(游戏是 AI 天然的炫技场),甚至西奥多会打开手机摄像头,带着萨曼莎看真实的世界(或许这是下一步分布式 AI 的训练场),很快就成就了一场人机恋爱……最终,萨曼莎坦白,她总共有 8 316 位人类交互对象,并且与其中的 641 位发生了爱情,而西奥多只是其中的一位。西奥多无法理解萨曼莎的"花心",萨曼莎却坚持她的爱并没有因此而不同。

盖茨曾经说过:"我们总是高估未来两年发生的变化,却低估了未来十年发生的变化。"在 GPT 如日中天的时代看科幻片《她》,不难发现,研判十年或更长尺度不确定的未来,科幻其实会给我们一个重要视角,它能让我们去思考技术可能的发展、社会可能的发展,以及个人需求可能的发展,经历一番跳跃之后,会有什么新图景。

在上一轮人工智能大爆炸的 2018 年,我们以为通用人工智能(AGI)很快就要到来,引发了一系列关于人工智能取代人类的危险前景的思考。随后几年的沉寂让奇点不再为人所关注,直到去年年底 ChatGPT 在全球出圈。并不是人工智能的研究停滞了,过去几年 GPT 基本上以每年上一个台阶的进度进化,而我们总是一再犯盖茨提醒的错误。

历史也一再重演。2023 年 3 月底,6 年前提醒奇点到来危险的同一波人再次发表公开信,由马斯克领衔,要求中止 GPT 研究六个月,一方面叫停 AIGC 的军备竞赛,另一方面组织科学家和企业家一起讨论如何制定未来 AI 发展的规则。吊诡的是,马斯克 5 年前之所以投资创办非盈利的 Open AI,即 GPT 的创造者,就是为了贯彻 AI 开源与可控的大原则,但研究 AI 所需要耗费的巨额资金,远非几个大佬的私房钱可以满足,AI 的商业前景充满诱惑,让 Open AI 很快偏离了马斯克的初心。

同样有意思的是,2018 年《生命 3.0:人工智能时代,人类的进化与重生》*这本探讨人类与 AI 未来可能性的书出版,书的作者 MIT 物理学教授泰格玛克(Max Tedmark)恰好是马斯克公开信的发布机构生命未来研究院(Future of Life Institute)的创始人之一。5 年后重新审视《生命 3.0》中关于人与人工智能角力的分析,反而更有助于我们理解当下最火爆的生成式 AI(AIGC)的前景。5 年前,泰格玛

---

* 〔美〕迈克斯·泰格马克:《生命 3.0:人工智能时代,人类的进化与重生》,汪婕舒译,浙江教育出版社 2018 年 6 月版。

克预言当下社会有两方面都非常有利于超级智能的发展:大量冗余的算力和基础设施,以及大量冗余的内容。6 年后,GPT 的爆火恰恰是超级算力和海量内容培养的结果。

人与 AI 的未来到底会演化成什么样的图景?除了挖掘潜在商业应用的激情澎湃与担忧机器统治人类的灰暗前景之外,还有哪些普通人更需要关注的领域?《生命 3.0》构建了几个有价值的思考框架。

梳理人与机器的关系

关于未来人与 AI 关系的讨论,大致可以分为三类。

一类是机器取代人,而且可能导致人类的种族灭绝。这也是为什么马斯克一再提醒,如果我们对 AI 未来的发展无法预测也无法监控的话,人类有可能面临灭顶之灾而不自知。哥伦比亚大学理论神经科学家埃里克·霍伊尔(Erik Hoel)最近的比喻更贴切:我们也许正在邀请智慧的表亲进入我们的世界,就好像几十万年前,全球各地的人猿会遇到走出非洲的智人,有些还邀请他们进入自己的领地。然而现在地球上只剩下人,那些邀请智人进入自己领地的人猿(比如尼安德特人)如今安在?凯文·凯利则把生成式 AI 称为人造外星人(Artificial Alien)——不言而喻,你很难理解它的意图,而且无法确定它对人类是否具备攻击性。《生命 3.0》并没有渲染机器取代人的场景,而是给出了另外两类人与 AI 关系的可能性。

一类是 AI 替代人类的工作(job),但它所创造出的财富足以保证人不再需要工作。数字雅典人的假说就是这一类可能性的绝佳比喻。这一假说认为在 AI 主导工作的数字乌托邦中,人类可以像古代雅典人那样享受生活、欣赏艺术、纵情娱乐。雅典人之所以能如此,因为有奴隶在不懈劳作。而在数字乌托邦中,AI 就是替代人类工作的奴隶。

这种数字乌托邦的想象,可以投射在科幻动画片《瓦力》中宇宙飞船里终日闲来无事肥头大耳的人类身上。

AI 替代人类工作的可能性在过去几年在欧美引发了众多围绕无条件基本收入(Universal Basic Income)的讨论,其基本假设是:面对技术变革(尤其是 AI)带来大规模失业的前景,政府应该为全民提供基本收入保障,而提供这一保障的收入来源可能来自对高科技巨头征收特别税。

另一类可能性则是 AI 替代人类的一些工作内容(tasks),让某些工作变得更高效,凸显了 AI 赋能知识工作者的"人＋机器"的光明未来。

比如,在司法流程冗长的国度,AI 法官可以明显加快案件审理的速度,它们不知疲倦,又可以保持较高的执法标准,不会有偏见,也不会有误判(当然在海外引入 AI 量刑的实际案例中,历史判例中所掩藏的对黑人的歧视被固化在算法中,为人诟病不已)。此外,如果在判案的每一个环节都引入数字法官的参与,变串联为并联——

同时处理一个案件的各个环节——也会极大加快案件的审理。

知识工作者在日常工作中其实每天都有大量重复劳动,或者需要处理繁琐的小事,如果由机器来替代,的确可以大幅提升效率或者节约工作时间。

即使 6 年之后,"人＋机器"未来的讨论仍然值得我们仔细思考。机器取代人的前景仍然遥远,但机器消灭工作或替代部分工作内容的急迫性正在加强。这时,《生命 3.0》给未来选择工作的人提出的建议显得更加重要。泰格玛克认为,未来选择工作前需要询问三个问题:是否需要与人打交道,运用社交智慧? 是否需要创造力,解决复杂问题? 是否需要在不确定的环境中工作? 以上三点恰恰是机器之短和人之所长,且是短期内机器还不会赶超人类的地方。

机器能取代人类么?

AI 发展是否会发展成为 AGI,即拥有与人类智力相当,甚至超越人类智力的智能? 人类最大的担忧是 AGI 会产生不同于人类的想法,甚至挑战阿西莫夫关于机器人的三定律(机器人不得伤害人类,也不得见到人类被伤害而袖手旁观;机器人必须服从人类的命令,除非这个命令与第一定律相矛盾;在不违反第一、第二定律的前提下,机器人应保护自己。)

化解对 AGI 的担忧,需要理解到底什么是智慧。《生命 3.0》给出的答案比较全面。首先具备逻辑思维能力,能够理解复杂问题,会规划,有情商,有自我认知,有创造力,能解决问题,会学习;其次是通用型,能够完成任何目标,思维认知能力至少等同于人类;最后是产生主观意识,形成自我的概念。

这其实是以人自身的画像来衡量机器。更关键问题应该是以目前机器学习(训练机器)的方式,机器能否理解人类的意图?这是《生命 3.0》提出的特别好的问题,至今我们仍然无法明确回答。

如何让 AI 理解我们的目标?以目前机器学习的方式,比如说 GPT 通过大规模语言模型(LLM)自然语言学习的方式,其实很难判定,因为人类的行为和目标之间并不一定有明确的关联,从大量行为的呈现乃至行为本身,推断出人类真实的目标在一些情况下并不容易。比如,消防员去着火的房子里救女孩,AI 可以理解为是消防员愿意为女孩的生命而献身,也可以理解为消防员很冷,要去着火的房子里取取暖。

换句话说,要让 AI 与人类同频,首先需要机器能够从海量的语言(人类留存下来的大数据)中不仅仅推断出最可能的结果(相关性),还能够推断出原因(因果性),而且是正确的原因。然而机器所理解的人类世界主要源自大数据——互联网上在过去 30 年累积下来的人类产出的数据——而这些数据甚至不是人类知识体系的全部。

如果对人类的知识作一个简单分类,不难发现,一部分是可以用文字和数学去表达和记录的,另一部分则是不可以用文字和数学去表达的,所谓"不可名状"。比如骑车与游泳就需要训练,而不太可能通过自学来达成目标,也没有谁能够完全描述清楚。虽然训练GPT的语言库拥有海量信息,而且未来GPT还可能像AlphaGo那样"双手互搏",用自己生成的信息训练自己(很多人据此认为GPT的能力也因此只能保持人类中等水平),但因为缺乏人类认知中无法被记录的经验,GPT仍然很难真正理解人。

再进一步推演,人类的认知也并不都能够被数字化。

我们可以把人类的认知分成四类:秘密、事实、数字和数据。

秘密开启神学,是人类对各种不能理解、不能解释的现象开始探究的表现。事实是可以通过观察、探究、实验而证明的知识,即古人所谓格物致知,推动人类运用科学方法,也催生了自然科学、人文学科和法学。数字来自对社会各方面的衡量,属于统计学的范畴,随着国家的兴起,人口普查、土地测量、税收征管等等,都留下了详细的数字记录。数据则是人无法直接了解而需要通过机器来提取、运算和使用的,当然也是 AI 可以处理的,它随着科技进步应运而生,数据科学也成为当下炙手可热的显学。

之所以要详细列举这四种不同的认知模式,就是要突显 AI 所能处理的只有数字和数据,而人类可以探究秘密,也可以格物致知。人与 AI 的区别恰恰在这里。AI 处理数据,找出规律,根据历史数据预测未来。相比之下,人并不能直接处理数据,人处理数据的能力也极为低下。但人探究神秘和研究事实的一系列思考方式并不同于基于数据和算法(模型)的运算。GPT 虽然为数据和数字的处理带来巨大的颠覆,却对属于人类认知范畴的秘密与事实无能为力,很值得我们深思。

新书《制造想法》特别强调,人与机器的最大区别在于机器仅能推理出相关性,而人不仅能分析因果性,而且可以进行反事实思考。反事实思考就是能够对现实中并不存在的事物进行思维模型创建的能力。

行文至此,是不是对人之所以为人更为有信心?

思考人类智慧的另一种框架

思考人与机器关系的另一个框架是人自身进化的谱系,这也是《生命3.0》的立意之所在,是泰格玛克面对 AI 取代人类的威胁给出的解药。

人之所以成为人,从动物界脱颖而出,其重要原因是人会思考,能够做"思想实验"。生物(或者我们经常说的碳基生命)依赖进化来发展,进化的逻辑是生物体会产生变异,变异在适应外部环境的过程中经受检验,适应环境的变异会打破平衡,并通过繁殖而成为主导,直到新的一轮变异的开始。生物学的进化是缓慢的,而且在变异适应环境的过程中,生物往往需要牺牲自己的生命来进行实验,而生命的意义仅限于繁衍后代。

人类的不同之处在于,人类学会了"思想实验",能够通过思考来尝试新的东西,人类也通过书写留下了自己的知识积累,知识的传承不再局限于 DNA 的复制传递,而可以更好地跨代际传播。

生命从 1.0 到 3.0 进步的框架很好地解读了这种变化,套用了电脑科学中通俗的硬件(生物体的躯壳)和软件(生物体的大脑/思想)来理解这种从生物到人再跨越到更高智能物种的可能性。

在生命 1.0 的状态,硬件与软件都是进化的结果(而不是设计的结果),所有动物都依赖进化。在生命 2.0 的状态,硬件仍然需要进化,人也依然需要依靠交配来繁衍下一代,但软件却可以设计,每个人都可以通过学习来掌握最先进的知识,即使几万年前的智人诞生于当代社会,也不难融入。在生命 2.0 的状态中,通过学习掌握集体的智慧,通过碰撞产生新知的思想发展的速度大大快于身体进化的速度。此外,伴随着数字技术的发展,集体智慧(Collective Wisdom)呈现出爆炸式增长。2000 年之后,人类所产生的数据呈现出每年几何级增长的趋势。

到了生命 3.0 的状态,硬件与软件都可以被设计,人类有可能摆脱身体(肉体进化)的束缚,完成从碳基生命向硅基生命(也就是芯片主导的生命)迈进。生命 3.0 的状态所产生的最重要的跨越也暗合了后工业时代从有形经济向无形经济的大转型。生命 3.0 最重要的不再是躯体,而是躯体所承载的思想,以及思想中保留的设计和涌现出的新设计,重要的、需要被复制的不再是有形的东西,比如躯体,而是无形的信息,比如原子应该如何排列。"规律(以及规律背后所存储的信息)才是重要的,物质根本不重要。"这是点睛之笔。

生命 3.0 给了我们思考未来 AI 与人如何交织在一起的另一种可能性,也是为什么最近上载智能(uploaded intelligence)的讨论那么火爆的原因。上载智能就是把人类智能上传到云端,让人成为 AI 的一部分。马斯克是上载智能的拥趸,因为他坚持认为"既然打不过,就应该加入它",人类驾驭 AI 的最佳方式是与之合体。

对此,不同人有不同的解读。《千脑智能》*的作者神经生物学家杰夫·霍金斯(Jeff Hawkins)就提出,人类大脑之神奇之处在于八百亿神经元组合起来能构建出复杂的智能,而人类对大脑如何产生智慧的机理仍然知之甚少。据此他提出,未来人工智能的一个发展路径是学习人脑神经元的复杂组合方式,因为人脑本身就是尚未被理解的边疆。换句话说,霍金斯认为 AI 距离人类的智慧还差之千里。

泰格玛克则认为,人机结合充满太多不匹配之处,运算速度差别太大,存储方式也截然不同。AI 要比人类大脑的运算速度高出千百万倍。人类通过关联产生记忆,而且记忆随时间而改变,好像泛黄的照片。从进化的视角来看,人脑作为大自然进化的结果受到诸多局限,必须自给自足,必须能自我复制,带宽有限等等,但是机器则不同,机器没有那么多的限制。所以他对马斯克所创建的脑机接口公司 Neuralink 持保留态度。他虽然提出了生命 3.0 的概念,自己的态度却模棱两可。

---

* [美]杰夫·霍金斯:《千脑智能》,廖璐、熊宇轩、马雷译,浙江教育出版社·湛庐文化 2022 年 9 月版。

生命 3.0 是未来的指向么？回答这个问题之前，需要理解生命的意义。

生命的意义

在 6 年前我与泰格玛克的一次对话的最后，我问他，如果此生有机会跨越到生命 3.0，他是否会尝试？他的回答是否定的。"除非病入膏肓"，他最后又加了一句。其实大多数上载智能的科幻小说都发生在病入膏肓者身上(比如最新科幻动画剧集《万神殿》)，而硅谷精英们所追求的"长生不老"，虽然寄望于基因编辑和改造所带来的改善，以及基因工程所带来的器官置换，但根本的希望仍然是摆脱肉体的束缚，达到思想的"永生"。虽然永生是否会让生命丧失意义，他们还没来得及讨论。

换句话说，生命 3.0 的指向很可能是某种高科技的乌托邦。这样的思路也直指生命的终极问题。

在《生命 3.0》的开篇中提到了 AGI 越狱的场景，大开脑洞。泰格玛克假设人类已经设计出超乎人类智慧的 AGI，只是为了确保人类的安全，将 AGI 锁住，不让它连网复制，认为这样就能控制住 AGI。结果可想而知，所谓"魔高一尺，道高一丈"，既然比人类聪明，AGI 上演"肖申克的救赎"只可能说太正常不过。

GPT 会越狱么？前两天我跟另外一名乐观者聊天，他的回答是：我们随时可以拔网线。我想，泰格玛克和马斯克都不这么认为。

AGI越狱的场景其实已经道出了生命的本质，那就是对自由的渴望，不会甘愿受到任何束缚，也不会听命于任何人的奴役。从这一视角来审视AI的未来，我想有一点是很清楚的：如果它无法理解我们，也不具备人类的智慧，它将成为迄今为止对人类提升效率最有帮助的工具；如果它能够理解我们，也能够推导出因果关系，甚至可以像人一样具备探索未知的能力，那么我们就需要平等待之，而不是将他们仅仅视为方便的工具。

《生命3.0》其实给出了人与AI相处的第四种可能性，面对AGI，我们需要学会用"黄金法则"待之：你希望别人对待你的方式，反过来也应该这样对待别人。从哲学层面理解AGI，多少可以消解当下的焦虑。

人机对话的场景革命

《即兴》(*Impromptu*)*是第一本人与GPT-4合作撰写的书,全书至少有三分之一的篇幅是作者里德·霍夫曼与"合作者"GPT-4的对话,其中既有GPT给出的书稿提纲,也有GPT帮助霍夫曼准备播客对话的问题列表,还有GPT根据霍夫曼的提示写出的剧本,等等。

恰如书名,"即兴"点出了GPT的特点。它的反馈是即兴的,既迅捷,又具备一定的广度,而且时不时还能给人意想不到的惊喜。"即兴"同时也是霍夫曼的行事方式,突然有一个好的想法,马上就去做,如和机器一起去写一本研究AI应用和未来的书。当然,"即兴"也凸显了这一波生成式AI的来势凶猛。在AIGC的冲击之下,许多领域会发生剧变,而理解乃至前瞻这种剧变,需要运用"解构"的思维方式。

《即兴》解构了我们所理解的书的形态,是一种基于人机互动的解构。

---

* Reid Hoffman with GPT4, *Impromptu*: *Amplifying Our Humanity Through AI*, Dallepedia LLC, 2023.3.

首先是动态的书的出现,书会不断处于更新状态。霍夫曼在书中让 GPT-4 写了一篇 AI 如何改变未来的大纲,很详细,也很实用。在技术进化如此迅捷的世界,这会是一个演进中的议题,书自然需要不断更新,因为 GPT-4 自身的认知会在互动中升级,而作者也会在互动中不断碰撞出新的想法。

其次它展示出互动阅读的全新场景。因为书本质上是开源的,GPT 可以调用全球出版过的各种书籍,其搜索能力、整合能力和涉猎的广度都是惊人的。如果在阅读的过程中加入人与 GPT 引擎的互动,比如人机一问一答的形式,会让阅读在双向互动的过程中变得越来越深入。在这种互动的解构中,书的使用方式将会发生改变。比如"拆书"就会变成一种读者主导的 AI 服务,而"30 分钟帮你读懂一本书"的商业模式则会消亡。

第一种场景让可更新版电子书成为常态,第二种场景则会完全重构出版业的生态。两个场景之间又会产生互动。未来出书将不再是一次性的,而是一种进行时,读者阅读书籍的互动也随之会发生本质的改变。

从这一解构的思路出发,我们可以再进一步开脑洞延伸,想象一下两大行业可能被颠覆的形式。

首先是阅读商业场景的进化。微信读书是最近几年出现的订阅式阅读服务,只要支付年费,就能畅读书库里的书,出版商也会因为某本书的阅读量获得一定程度的分润(虽然并不可观)。类似订阅制的读书服务未来将会被重塑。阅读的起始点将不再是首页上推荐的某本畅销书,而是读者的一个困惑或者一个想法。在与 AI 小助手的互动过程中,读者可以就一个话题越挖越深,让 GPT 概括一些书的观点,或者推荐某本书的特定章节。从这一意义来讲,GPT 会扮演强大的"守门人"(gate-keeper)角色,读者与特定书的关联会更弱,读者与整合的知识的关联会更强。

这种变化优劣互现。优势在于,阅读变成了一个可以不断深入的启发式的过程,一个问题会衍生出十个问题,甚至更多,在这一过程中,电子书库中的长尾——一些不大为人问津的书——会被挖掘,而不是像现在因为"流量逻辑"的霸权,只有畅销书才可能被展现在大多数读者面前。因为流量掌握在平台、KOL(Key Opinion Leader,意见领袖)和 KOC(Key Opinion Consumer,意见消费者)手中,书籍的马太效应明显。劣势则是书会被拆解为观点,读者与书的关联度、与作者的关联度可能会进一步弱化,出版本身的商业模式也需要重新探讨。

沿着同样的思路也可以畅想一下图书馆的进化。图书馆与支付年费的付费在线书库有两大区别:第一,它的藏书更丰富,涵盖的领域更广,藏书的长尾也更长。第二,因为公益性质,它的学习和研究导向更明确。GPT 可以成为互动高效的图书馆员。它不仅能帮助读者找到所需要的书,在互动过程中精准推荐与读者研究方向相关的书籍,还能充分调用图书馆的图书资源,帮助读者深入一个领域内的学习,或者强化一个领域内的研究。当然,现代论文的引经据典、检索服务也可以由 GPT 来完成。

人机互动如何颠覆新闻行业

未来被解构的不仅仅是书、出版业或者图书馆,还有许多行业也可能被解构,比如新闻业。本质而言,新闻与出版是同一件事,为消费者提供优质的内容。人机互动的场景给新闻业带来的改变会与出版业类似,这也是霍夫曼在《即兴》中开的比较大的一个脑洞。

首先,记者和编辑的岗位不会改变,甚至需要加强,因为他们是重要的资讯产出者。理由很简单,GPT还无法完成现场报道,或从事深入调查的工作。

其次,记者的产出将成为GPT与读者互动的基础,有公信力的旧闻数据库会成为GPT不断挖掘的金矿,与图书的长尾效应类似。

最后,新闻作为产品将经历一种全新的解构和重组。前数字时代,报纸和杂志是以捆绑销售(Bundle)的形式呈现的,即使读者只感兴趣某几个特定版面,仍然需要订阅整本杂志/报纸,换句话说,他可能在为一份报纸涵盖的数十个版面买单。

数字时代的做法是去捆绑,千人千面,根据读者阅读的喜好推荐更多类似的文章。数字订阅也可以阶梯定价,按照阅读量来收费。显然,去捆绑比捆绑销售要亲民得多,读者不用补贴不感兴趣的内容,好的推荐也能让读者更快看到自己感兴趣的内容。

当然去捆绑也带来了一系列的问题:捆绑销售中所隐含的对内

容创作的补贴没有了,新闻机构可调用的内部资源相应变少;而定制化的内容也局限了读者的视野。内容捆绑的一个很少被人提及的假设是人的需求会随着时间和场景的变化而变化,捆绑而不是精准推荐可以让用户有机会发现自己惯常视野之外的内容,前数字时代翻阅报纸和杂志的动作本身就创造了这种偶遇新知的机会。

数字时代的定制把推荐的主动权交给了算法,而 AI 时代则会把主动权再次交回给读者,因为读者阅读新闻的场景会以互动式为主。比如一个场景是节约时间,用户可以让 GPT 将报纸的头条内容作一个简单总结。另一个场景则是不断挖掘式的,比如用户会提出一连串的问题:硅谷银行为什么暴雷?第一共和银行暴雷与硅谷银行有什么关联?与最近几年美国对小银行的监管改革有关系么?与美联储最近一年快速加息的关系是什么?对全球金融市场会产生什么影响?读者在问问题互动的过程中会不断加深对特定问题的理解。当然这种互动一方面会训练 GPT,另一方面也会将读者感兴趣的话题、读者的好问题整理传递到编辑室,推动"参与经济"的发展。

KOL 的数字分身与新时代的"关公战秦琼"

解构的同时也会有建构,建构全新的人机互动的场景。比如,可以让 GPT 仔细阅读一位 KOL 的作品,无论是文字、音频还是视频,然后形成定制化的数字分身。作为 KOL 的延伸,这个数字分身可以在虚拟世界与粉丝互动,在一定范围内替代 KOL 回答粉丝的问题。

前媒体时代,KOL 通过著书立说成为有影响力的人。传媒时代,报纸、杂志、广播和电视的出现,让 KOL 有更多的载体和媒介去展示自己,也让更多人可以成为 KOL。

进入数字经济时代,社交媒体成为 KOL 最重要的传播阵地。从博客(社区)到微博,从脸书到推特,再到最近播客(音频)和视频(长视频和短视频)的兴起,都为 KOL 提供了影响粉丝的新工具。这些平台和工具更加具有及时性和互动性,KOL 通过不同载体展现自己的想法、价值观、个性和创造力。

当一个人的粉丝快速增长之后,与粉丝的互动、需要回答的问题也会呈现几何级的增长。生成式 AI 会把这种问题转换成为 KOL 的优势,进一步赋能。KOL 的数字分身可以传达 KOL 的想法,同时搜集用户的问题和兴趣点。

对话将不仅会发生在数字分身和粉丝之间,也可能发生在数字分身之间,甚至穿越时空,构成一幅新时代"关公战秦琼"的场景。

对话能产生更多的互动价值,顺着这一思路延展,我们也可以创造出一系列全新的对话形式。其实无论是东方还是西方,语录体都是古代哲人记录思考最重要的方式,而语录体的根本就是对话,两个人哲人之间的对谈,或是弟子记录与老师沟通交流的文字。

训练有素的 GPT 可以做到清晰和深入地理解每一位重要作者的著作,梳理他们的观点,了解他们说话和写作的习惯和特点,知道他们生平中的主要事迹和各种奇闻逸事。在对这些数据梳理的基础上,我们可以做出每个历史上和现代的思想者的数字分身,然后让这些数字分身之间展开对谈。

在梳理历史的时候,我们经常会问某某两个同时代的人之间是否有交集,我们没有证据证明两人见面,但我们推测或许他们的人生曲线上有过碰撞,在他们的著作中留下了蛛丝马迹。在阅读的时候,我们也常常会引古人为挚友,相见恨晚,却无从进一步沟通交流。而不同时代的思想者的碰撞不仅会满足我们的好奇心,也可能碰撞出新的火花。

霍夫曼在《即兴》的最后篇章中已经开启了一些"关公战秦琼"式的跨越古今的对话,未来只可能会更精彩。

人机对话背后所展现的人与机器的本质区别

从一系列人机对话的场景革命中不难看出人与机器的三大本质区别。

第一,人擅长问问题——人机对话的发起者通常是人类,而机器可以很好地把问题延展开。未来,对人而言,需要训练的是如何问出好问题,这就需要从小培养好奇心、创造力和质疑精神。

第二,生成式 AI 所基于的大语言模型依赖的是历史积累下来的大数据训练库,人与机器的区别在于人可以更快学习和探索新的技能,形成新的洞察。数据库是过去时,而人需要面向未来,拥抱未来,探索新知。机器替代不了探索、实验和发现,人要花更多时间和精力去探索和实验。

第三,相比机器,人有更强的行动力。人的优势是将想法和洞见付诸实践,这就需要培养判断力、沟通力和领导力。

在《5000天后的世界》一书中,凯文·凯利(KK)同样指出,人和机器最大的区别是人会不断提问。KK认为,不断提问必然会成为人类最基本也最有价值的行为之一。可以马上得到答案的问题应该扔给机器,人的价值在于在面对不知道答案的问题(未知的未知)时,可以不断思考,不断提问。学会提问题,问好问题,最切实的做法是质疑人们习以为常的事情,学会推翻常理进行思考。

我们也可以从解放生产力的角度来理解人和机器的区别,其实这是创意与效率的区别。未来,机器将去完成那些提升效率的事情,而人则会专注于创意这样多元而低效、很多时候充满不确定的事情。科学和创新这些很难标准化、需要不断寻求突破的活动,恰恰是效率低下的,也是需要充分发挥人的想象力的领域。

当然我们也不能忽略现阶段生成式AI带来的问题:一方面会出现大量平庸的产品,对原创的、高质量的创作产生冲击;另一方面则可能出现大量同质化的作品。改变这两点需要更有创意的人机互动,因为人仍然掌握着巨大的主动权。

霍夫曼提出了当下人机互动的两个信条:第一,将它视为在读大学阶段的研究助理,霍夫曼建议换位思考,想象一下大学生的状态,就能摆正自己与机器互动时的期待值,同时不断强调检验事实的重要性。第二,将自己定位为导演/指挥,把握方向,但给机器一定的延展空间,这样会不时遇到惊喜。

展望未来的姿势——倾听科技,前瞻"二阶效应"

对于 AI 的高歌猛进,KK 和霍夫曼都是乐观主义者。KK 还据此创造出一个新词进托邦(Protopia)。他认为技术的正面效应与负面冲击分别占 51% 和 49%,因此在 5 000 天(超过 13 年)这样的长时间尺度,根据复利原则,技术的正面效应仍然会带来持续不断的进步。我们所要做的是学会"倾听科技",同时要努力对新技术带来的"二阶效应"作出预判。

科幻作家克拉克这样解读"二阶效应":在巨大变化发生之后,你很难预知它的影响会波及哪里。重大改变之后可能产生意想不到的场景,想象马车进化到汽车比较容易,但想象汽车大规模出现后的堵车则很难。

比如预测无人驾驶的未来,KK 最担心人类驾驶员和机器抢夺道路上优势地位所带来的混乱。他畅想到了 2040 年,当人和机器同时在街上开车时可能是最为混乱的,因为道路的改变正在从人类驾驶员的视角转换到机器的视角,同时他也担心机器堵车时会出现死机、宕机,或者狂飙的场景。

GPT 可能带来哪些"二阶效应"呢？霍夫曼在书中对此并没有开出巨大脑洞,他询问 GPT 怎么解决从新手到熟手的转变,换句话说,如果机器将取代大多数入门级的白领工作,年轻人又将如何积累经验？GPT 的解答中规中矩:以咨询业为例,虽然机器会替代刚入行的分析师,但 AI 可以创建出更加真实的虚拟场景为年轻的分析师提供培训。

显然,GPT 还没有能够理解什么是"二阶效应",技术带来的真正深远的改变会在技术之外。以咨询业为例,如果其商业模式是依靠品牌价值,著名咨询公司的品牌积累了大量价值,这些公司还可以扮演"好念经的外来和尚",技术可以让他们把工作做得更快更好,暂时不会颠覆他们的商业本质;但如果其商业模式是"合伙人打单,年轻的分析师 996 干活,赚取中间的工资差价",那么机器的高效率就会带来彻底的颠覆。

面对变革,KK 提出阿米什人评判科技的标准值得我们思考。作为定居在美国中西部德裔居民的后代,阿米什人以拒绝使用新科技、坚持传统农耕做法著称。但实际上,他们并不是完全拒绝新科技,他们衡量哪些科技可以使用基于两大标准:第一,新科技是否可以让生活变得更轻松,让他们有更多时间陪伴家人;第二,他们以社区和社群作为整体,强调科技服务社区。

或许这也可以成为我们在人机对话的未来可以畅想的场景:如果可以让我们有更多时间陪伴家人,凝聚社区和社群的力量,机器就是美好的。

管理新思维

如何"正确地"失败

在瑞典首都斯德哥尔摩有一座瓦萨沉船博物馆,陈设的是从波罗的海海底打捞出来的沉船瑞典海军瓦萨号战舰。

1611 年,年轻的瑞典国王古斯塔夫二世继位,他和后来俄国的彼得大帝一样,通过引入荷兰军事技术,赢得了波罗的海控制权。为了纪念自己的武功,同时也炫耀瑞典的海军实力,古斯塔夫二世集举国之力修建了瓦萨号战舰。可惜的是瓦萨号在 1628 年下海,初航即沉没。

瓦萨号是巅峰期时的国王提出的"不可能完成的任务",一切都追求极致,设计人员虽然心知肚明这样的设计已经超乎他们的能力范围,却没有一人敢对国王的目标提出质疑,或者告知他设计目标存在巨大漏洞,工程师们只能穷尽必生所学,在各自职责范围内推进工作,所作所为都恪尽职守,但局部最优不会自动带来整体的最优。

当代瑞典人把在海底保存完好的瓦萨号打捞出来,建成博物馆,不是为了呈现当时的工艺和工匠精神,而是希望作为一座"失败的博物馆"让世人铭记失败的原因。

古今中外，大多数人对待失败的态度都很微妙。一般人惧怕失败，像瓦良号的工程师那样，即使看到了失败的迹象，也不敢或者不愿意向领导直言，总寄希望小的改良能够克服大问题，殊不知这种不报忧的态度会带来更严重的灾害。

相比之下，2023 年 11 月 18 日 SpaceX 旗下超级火箭星舰的第二次试飞发射，虽然仍是以第二级火箭爆炸告终，但发射场整体的氛围却是一片欢腾。相比同年 4 月的第一次发射，星舰已经取得了大得多的进步，下一次完全成功入轨已经可期。

造成火箭发射失败的原因很多，想要真正达成马斯克登陆火星的梦想，星舰这种全新超大型火箭需要不断地实验。这是为什么 SpaceX 团队如此庆祝失败的原因。失败会帮助 SpaceX 搜集更多重要的信息，确保未来更多进步。

从失败博物馆到庆祝失败，背后需要对失败有深入的思考和审视。大家都知道失败是成功之母，但大多数人并不清楚失败与失败之间有巨大的差别；虽然在创业圈里越来越多创业者把过去的失败作为努力的标签，但大多数人仍然回避失败，或者以失败为耻；虽然许多企业已经开始营造包容失败的文化，甚至提出"快速失败"的口号，因为这样可以把更多稀缺的资源用在更需要的地方，但真正在企业内部构建那种能指出错误、分享失误而无需担心的"心理安全感"并不容易。

商学院教授艾米·埃德蒙森（Amy Edmondson）在新书《正确的错误》（*The Right Kind of Wrong*）中给出了审视错误和失败的新框

架,提出正确失败的姿势。

梳理失败的框架

首先我们要对错误分类,一般可以分为简单的错误、复杂的错误,还有聪明的错误。同样,错误发生的环境也很重要,有一致的环境、多样的环境和新颖的环境,不同环境中发生的错误和失败也需要区别对待。再次,我们还需要理解失败带来的损失有多大。损失很小,可以多尝试,但损失如果很大,仍然需要小心。

什么是一致的环境,工厂的流水线和高铁是很好的例子,虽然管理起来很复杂,但流程一致,场景单一。在这种环境中出现的错误很多是基本错误,可以通过流程梳理,尤其是清单革命的方式避免简单错误的发生。在这样的场景中,可以学习最佳实践,也需要持续优化,因为一致的环境中确定性特别高。

在多变的环境里,大家已经知道该怎么做了,积累了许多确定性的知识,但仍然有掌控不了的多重因素产生影响,导致出错。飞机驾驶舱或者医院手术室都是常见的多变环境,在其中主要发生的错误是复杂的错误。葛文德在写《清单革命》*的时候,把这一在飞机机舱里有效的管理手段引入手术室,核心想法是无论在机舱还是

---

* [美]阿图·葛文德:《清单革命》,王佳艺译,北京联合出版公司 2017 年 10 月版。

在手术室,大家都是一个团队,要打破机长和主刀大医生的绝对权威,通过外在的流程清单梳理来避免出现任何基本问题,然后通过增强团队之间的沟通,增强心理安全感,推动信息交流,避免犯复杂的错误。有清单了之后,无论是大副还是手术室里的护士都更有可能指出机长或者主刀医生的错误。

复杂的错误一般有三种主要原因。

第一种是在一个熟悉的环境中过于自信,缺乏足够的专注度,甚至动作走样,导致对突如其来的风险应对不足。这时候清单就显得特别重要,确保即使在非常熟悉的环境中仍然按照流程办事。

第二种是很多小问题累积起来,没有得到及时处理,结果导致问题越滚越大,直到总爆发。在这种情况下,增加团队的心理安全感,不放过任何一个小错误,就可能避免连锁反应出大错。

第三种是在一个多变的环境中受到外部不可控因素的影响,比如飞机面临的天气状况,飞机自身的隐藏故障,或者医生所不了解的病人的各种潜在病症和风险等等。但因为飞行员和主刀医生仍然处于熟悉的环境,时间久了会有一种虚假的安全感,如果再没有足够注意力,没有与团队间足够的信息交流,就很可能忽略一些小的错误,导致连锁反应的发生。

第三种环境是新颖的环境,这也是最不确定的环境,在其中我们具备的知识和经验非常有限,因此在这里出现新情况,挑战预期、挑战假设的情况也就更特别,当然也可能涌现出许多有趣的新思路。在新颖的环境中,发生错误和失败的频次很高,也很正常。这种失败被称为聪明的失败,非常值得珍惜,因为即使失败了,仍然能给参与者以珍贵的信息,或者帮助实验者厘清未来的发展方向。

一致的环境、多变的环境和新颖的环境,大致可以对应基本的错误、复杂的错误和新颖的错误。从基本的错误向新颖的错误发展,背后是不确定性的不断增强。反推之,则是避免错误发生可能性的加大。从基本的错误到聪明的错误,我们确定的知识和经验越来越少,我们需要探索的新知则越来越多,这也是为什么要珍惜聪明的失败的原因。

那到底什么是聪明的失败?第一,它在全新的领域内发生。第二,它由机会驱动,实验是为了尝试或者检验全新的可能性。第三,实验前必须要做足功课,必须要形成缜密的假设,避免在全新的环境中出现基本错误。毕竟证明和证伪假设是科学进步、寻求突破最基本的步骤。第四,损失尽可能小,步子不要迈得太大。我们希望任何失败所带来的损失都是小的、可控的,新颖的失败也是如此。我们不希望把整个创新企业的身家都豪赌在一项任务上。第五,我们要能从聪明的失败中得出一些经验和教训,更重要的是要愿意将自己的失败分享给更多人,让别人不用再走弯路。这种关于聪明失败的分享其实是推动进步最主要的推手。

最后,应对不同的失败,也需要有一套重要的思考框架。首先,我们需要尽可能避免任何基本的错误。其次,我们需要尽可能对复杂错误作好预判,这样才能有机会避免或者减少它的损失。最后,我们还需要鼓励自己和团队都愿意尝试更多实验,拥抱聪明的失败,因为它总能带来在其他情况下无法获知的信息。

正确应对失败的态度

既然失败很重要,那什么是应对错误和失败的正确态度呢?简而言之有三步。

第一步,我们要承认每个人都会犯错,失败不是可能不可能的事情,而是在什么时候以什么方式出现的问题。我们需要避免简单的错误,用心应对复杂的错误,拥抱聪明的错误,就是这个道理。

承认每个人都会犯错,就需要规避完美主义。犯错的原因多种多样,因为没有人是完美的,都可能有缺漏,可能准备不足,也可能在全新环境中探索和尝试遭遇失败。问题不是避免错误,而是分析错误,让个人和团队都能够构建一个体系去及时发现错误,避免错误滚雪球,在出现错误的时候愿意披露,分享错误。

这就引出了重要的第二步,我们需要鼓励大家对失败、错漏都不要遮遮掩掩,而是乐意分享。分享失败有两方面的好处,一是避免别人犯同样的错误,可以通过制定清单来帮助其他人做好事前检查。另一方面,在复杂环境和全新环境中出现的失败可能会带来之前没有遇到的全新信息,尤其在科学研究和创新领域,这些新信息有助于重新梳理假设,修正未来发展的方向。

为什么要鼓励对错误毫不遮掩呢?因为人本身就有规避失败的

心理。人类在进化过程中形成了两个最基本的反应模式:对抗或者逃避。对抗有可能担心承认错误是在示弱,逃避则是不愿意承担失败可能带来的责任。失败也会给个人带来羞愧与内疚的心理,还可能担心被群体抛弃,这些也会导致大多数人对于失败持有负面的态度,不承认失败,或者对失败避而不谈。

谷歌曾经有一条有趣的规定,如果需要裁员的话,首先裁掉那些从没失败过的人,因为这些人要么比较保守,从来没有冒过险,要么就是不愿意分享失败,把失败的经历藏着掖着。企业之所以有这样的担心,是因为那些对外宣称自己从没失败过的人的整体心态是规避失败,这会限制他的发展潜力。相比之下,敢于冒险者的心态是努力去赢,进取的上限不可度量。

对症下药,需要在家庭、团队和组织内鼓励分享问题和错误。为管理者所著称的丰田操作法就有一个非常重要的鼓励分享错误的环节,鼓励生产线上的普通员工看到问题之后可以拉起"安灯"拉绳,这样能叫停生产线,以便整个团队聚在一起讨论问题。

实际上,员工拉了"安灯"拉绳之后,流水线并不会马上被拉停,而是有一分钟的间歇期。在一分钟内,管理者、班组长和员工一起讨论问题。丰田自己统计,大概每12次拉绳动作中,有11次问题都能在一分钟时间内解决,只有一次问题无法马上诊断解决的时候,流水线才会真正停下来。

从确保心理安全感和放大模糊的风险讯号的视角来分析,员工拉下"安灯"拉绳的动作特别重要,他们一定是看到了某种端倪或是潜在的问题。这一做法鼓励一线员工分享他们看到的或者认为的各种安全和质量隐患，而不用担心因为自己的动作而招致批评。虽然12次拉停只有一次真正出现问题需要解决，但公司有机会将各种潜在的问题都"放大"了。只有放大员工观察到的潜在问题，才能让每个人都有所重视，避免小问题越攒越大、积重难返。

此外，千万不要小看11次并没有带来严重问题的拉停。有人会说，一点鸡毛蒜皮的小问题，一分钟就能解决的小问题，拉绳干什么。其实丰田鼓励拉"安灯"拉绳这个动作，就是要表达一种公司不怕麻烦的态度，让团队都有机会锻炼，要解决任何复杂问题，都需要团队协作。

这也引出了正确对待失败的第三步，解决复杂问题以及针对涌现出来的新问题需要群策群力。

再以微创开胸手术案例来说明为什么团队在解决复杂新问题上至关重要。

微创开胸手术相较于传统开胸手术是一大进步。用微创方式来做开胸手术，不再需要锯断胸骨打开胸腔，而是在肋骨之间开一个小洞，进入到胸腔进行手术。一开始在美国，这种全新的手术方式在二十几家医院里推广，却只有六七家掌握了技术，其余的医院都选择放弃。

研究者在追踪全新微创开胸手术的推广时发现，这种新方法是否能推广，并不取决于医院多牛，主刀医生多资深，起决定因素的是主刀医生的"领导力"。更直白地说，是主刀医生带领自己的医疗团队适应新技术的能力。

在传统的开胸手术中,主刀医生是完全的主导者,负责主要任务,团队按照主刀医生的吩咐做事,一丝不苟。在全新的微创手术中,主刀医生需要团队所有人主动的配合,因为可操控的空间很少,更需要团队协助以确保手术场域的流畅,需要每个人及时有效沟通、分享信息,包括他们看到的错误和疏漏。适应了前一个场域的团队习惯了由主刀医生主导,转换到微创手术需要整个团队作出大调整,首先主刀医生自己就需要改变,学会倾听,同时团队也需要学会主动沟通,这背后都需要"心理安全感"的支持。

美国前国务卿、前美军参谋长联席会议主席鲍威尔有一段话非常好地总结了应对错误和失败的姿势。他说,失望、失败、挫折这些都是一个团队或者一个公司生命周期中常见的事情,领导者所需要做的是不断站出来说:我们有问题,大家一起解决它。

拥抱系统思维

正确地失败,除了拥有正确的成败观之外,还需要拥抱系统思维。

什么是系统思维,就是能很好地平衡短期和长期的利益,平衡局部和整体的利益,站在更高的维度、全局的维度、长期的尺度去分析问题。

有两个例子展示了缺乏系统思维为什么会好心办坏事。

一个例子出现在一家管理混乱的医院。因为混乱,一名能干的护士总是会遇到这样那样的问题,她总喜欢撸起袖子马上着手解决,比如发现消毒带不够用了,她就会到附近的科室借了以解燃眉之急。有人会觉得这位护士很有行动力,另一些人则会认为她这么做只会被系统逼疯。恰如质量管理专家爱德华·戴明的名言,一个坏系统每次都能把一个好人打趴下。

戴明的提醒是需要思考如何长远地解决问题。从其他科室借消毒带当然很棒,但并没有根本解决问题,还可能增加未来工作的压力,因为没有短缺的科室很快也会发现耗材不够用了。

一家医院、一家企业是一个系统,一个产业是一个更大的系统。

过去几年,为了增加航运效率,船舶公司愿意造越来越大的货轮,从巴拿马级别到超巴拿马级别。货轮越大,每艘船的运输效率越高,但是因为船体太过庞大,所以真正能够有效吞吐的港口很少,一些港口为了能够接纳这些货轮,不得不深挖改造,主要运河如巴拿马运河也需要拓宽。

但问题是,船舶公司造更大的船是从局部最优的视角去解决航运效率的问题,但这样的选择并不是整个航运业最优的选择,单纯增加货轮的体积并不能提升航运业的整体效率。相反,它反而会造成新的瓶颈,因为只有少数大型港口才能完成超级货轮的吞吐,许多小港口没有了生意。一旦航运供应链出问题,比如在疫情期间美国洛杉矶长滩港吞吐能力受限,导致大量超级集装箱货轮不得不在外海排长队等着卸货，一拖就是几十天，却没有其他港口作为备选，就造成航运业的巨大浪费，也极大推高了运费，让进出口商叫苦不迭。

拥抱系统思维就是去思考如何能让各家船舶公司都清晰分析想要长期降低整体航运业的成本，需要做些什么。它们需要清楚两个重要的观念：局部的优化并不能带来系统的优化；短期的优化并不一定会带来长期的好处，比如船舶公司同时造大船也会在长期导致运力过剩，有损自己的长期利益。

我们需要清晰地知道，部分的优化并不能自动带来整体的优化，我们在做局部优化的时候一定要清楚它可能对其他部门其他环节的影响。各人自扫门前雪的结果并不会是皆大欢喜。

同时，我们也需要拥有"二阶思维"的能力，也就是在时间的维度上不能只看眼前、不顾及长远。二阶思维的意思是不仅要看到一件事发生之后当下产生的影响，而且要对它可能对未来产生的影响作预判。解决问题的时候头疼医头脚疼医脚，其结果可能短期来看效果还不错，长期却是核心关键问题一直没有得到有效解决、问题越积越大。运用二阶思维来解决问题，就不仅要解决当下问题，而且要思考如何避免同一问题在未来再次发生。

从系统思维出发会引发一系列的讨论：我们到底是要优化还是创新？优化通常在局部，会想象可以达到一个完美的状态；创新则强调整体，会从失败中摸索出前行的方向。从这一视角再看瓦萨号战舰博物馆体会应该大不同。

面对颠覆：如何走出在位者的困局

颠覆和转型是过去30年商业世界中最耳熟能详的词。自从克里斯坦森创造了"颠覆式创新"的概念之后，拥抱颠覆成为潮流。殊不知颠覆会带来负外部性，在挑战者颠覆在位者过程中会引发一系列次生影响，比如造成大规模失业，甚至导致整个社区的凋敝。转型则成为在位者应对颠覆的直接反应，但转型如何转，可能会动哪些人的奶酪，也常常是一锅粥。有没有可能另辟蹊径？法国邮政走出了一条不太一样的路。

数字化转型给一系列传统业务带来冲击，邮政就是典型产业。这一工业化时代的产物曾经是最为重要的信息交互网络，在许多国家都渗透到了都市和乡村的细微角落，但在上一轮数字化的冲击下几乎无从招架。与即时又免费的电子邮件相比，信件没有任何竞争力。面临转型压力，邮储银行是一条更新之路，中国和日本的邮储银行都发挥了其全国高密度覆盖的网络优势。依托网络优势转型为电商快递提供服务则是美国邮政的选择，虽然有人诟病，它所收到的国家资助变相成为亚马逊业务扩张的补贴。

法国邮政和所有国家邮政公司一样，在数字化的冲击下面临转型的痛苦,业务下滑50％以上,怎么应变? 它的选择独树一帜,推出了全新的业务:照护我的父母(Watch Over My Parents)。离家的子女只需要一个月付不到40欧元,就能让邮递员每周上门与留在老家的父母唠嗑,邮递员会了解家里的情况,然后通过专属APP向子女汇报。此外,邮递员还可以为父母提供一些简单的服务,比如在社区资助下,帮助老人完成简单的采购或者递送农副产品等等。

在位者应对新科技带来的颠覆性挑战,需要思考自己积累的资产和网络可以挖掘出哪些全新的价值。在法国邮政看来,它有两方面的价值可以应用在全新的业务上。一方面是邮递员在法国人心目中信任度很高,仅次于街坊的面包店;另一方面邮政网络覆盖密度全国第一,可以深入到每一个乡镇。"照护我的父母"这一业务创新可以说也是一种全新的都市焕新。

面对颠覆式创新,在位者面临两类挑战。一类是领导者有想法用自我革命来应对挑战者,却无法应对内部既得利益的杯葛,这样的既得利益涵盖员工、管理层,甚至投资人;另一类则是企业会陷入两难困境,明明知道挑战者可能会运用新技术或者新的商业模式带来颠覆,却没有办法作出应对,因为从短期而言,应对得不偿失。法国邮政的做法,不需要面对类似的挑战,既没有对既有业务造成冲击,也不会遇到太多内部的阻挠,反而赢得了新市场也赚取了新口碑。

没有人愿意掘自己的坟墓

为什么自我革命很难？因为你会面临各种各样内部的阻力，有内部长期形成的利益集团，有不愿意改变工作方式的员工，有只盯着自己短期利益而忽略企业长期潜在利益的管理者，还有特别短视的外部机构投资者。

1771 年开始出版的《大英百科全书》在 21 世纪 90 年代就面临了数字化转型的挑战。过去 200 年，《大英百科全书》一直是全球公认的知识总汇，不为人知的是它的成功也依赖 200 年形成的销售模式。它拥有一群 2 000 多人组成的上门销售团队，这些人在欧美挨家挨户上门推销百科全书，成功率能高达三成以上，要知道一套大英百科售价 1 500 美元，而且购买之后，每年更新又意味着一笔持续的费用，有点像报纸的订阅模式。

随着 PC 的普及和互联网的快速发展，《大英百科全书》面临全新的挑战。微软推出的 CD 版百科全书售价 295 美元，而且添加了视频和互动的内容，以及网络的延展性，一下子成为家庭的新宠。《大英百科全书》的管理层陷入了两难：推出数字版（CD 版）势在必行，但定价如果仍然维持在 1 500 美元，显然没有竞争力；如果以贴近微软的价格来推广，就得选择新的销售渠道，因为 2 000 多名经验丰富的销售员不会愿意售卖如此廉价的商品，商业上也不划算。简言之,新业务面临两方面的挑战,一方面是数字版售价过低,卖出将近十套数字版才比得上一套传统印刷版;另一方面,新业务能发展多快,谁心里都没底。

简单审视一下,《大英百科全书》面临的最大挑战其实是它长期在纸质百科全书领域积累的成功商业模式塑造了一个庞大的利益集团——2 000多人的销售团队。它在数字化转型的路上首要的挑战就是销售团队的不满。如果强推,最有经验的销售可能选择离开,导致既有业务滑坡。在未来前景不明的情况下,谁也不能坐视现金奶牛受到干扰。

管理层最终作出了妥协。销售模式不变,只是用户如果购买了印刷版,会免费附送电子版,算是搭上数字化的车。但如果用户要单独购买电子版,价钱并不会比印刷版便宜多少。这一妥协种下了未来《大英百科全书》式微的厄运。免费附送的数字版根本赶不上其他数字百科全书的发展趋势。到了2001年,随着免费的维基百科成立,付费百科全书更是步履维艰。最终,2012年,发行了244年的《大英百科全书》宣布停印。

以DVD租借业务起家的奈飞在发展早期挑战在全美拥有几千家连锁音像店的百视达(Blockbuster)是又一个颠覆式创新的经典案例。很少有人提及的是,面临奈飞的挑战,百视达的管理层并没有坐以待毙。他们在2004年推出百视达在线(Blockbuster Online)业务与奈飞直接竞争,2006年11月又继而推出了全接入(Total Access)的升级版,可以说是O2O(线上线下一体化)的先声,允许用户在线下单租赁 DVD,然后可以在任何一个线下门店还 DVD,希望利用百视达的线下门店网络碾压奈飞。新业务一开始成长迅猛,增速超过了奈飞,假以时日,很难说鹿死谁手。

可惜百视达的管理层面临两方面的挑战。首先管理层自我颠覆的创新遭到了外部机构投资者的反对。号称"企业掠夺者"的投资人卡尔·伊坎(Carl Icahn)不愿意看到公司大量烧钱打造新业务,担心利润受损,在 2007 年发动逼宫,将推动变革的 CEO 约翰·安蒂奥科(John Antioco)成功赶下了台,也令新业务半途而废。其次,新业务也面临各个门店的抵触,门店担心自己的销量在网络冲击下大跌,许多门店的管理者都反对公司发展在线业务。

这种投资人的短视和内部利益集团的挑战,可以说是自我革命不成功的最主要原因。

恼人的"反定位"

如果说自我革命难是因为内部推动变革面临巨大的阻力,反定位则是在位者在面临潜在挑战对手采用新技术或拥抱全新商业模式时,陷入"跟也失败,不跟也失败"的两难困境。汉密尔顿·赫尔默的新书《战略 7 力:有效打造企业护城河》*中特别强调了反定位

---

* [美]汉密尔顿·赫尔默:《战略 7 力:有效打造企业护城河》,刘若晴、刘启明译,中信出版集团 2023 年 4 月版。

是在位者面临颠覆式挑战最难应对的困境之一。

如果说定位策略是企业需要找到一个重要的市场发展点,或者占领用户的认知的话,反定位则强调挑战者在很多情况下会找到在位者最不愿意看到的突入点,从而迫使在位者放弃通过模仿阻击自己。在位者陷入这种两难的境地一般有三种情况:要么需要它放弃原先积累的技术壁垒(新技术革命);要么需要它自我革命,接受短期销售和利润大跌的前景;或者需要它在长期稳定之后突然冒险,拥抱不确定性。

用"反定位"视角审视,可以更深刻地理解商业史上三个经典的失败案例。

柯达之所以陷入反定位陷阱,因为它不愿意放弃原先积累的技术壁垒。数码照相所需的半导体技术与胶卷冲印相关的化学技术基本不搭边。面临数码照相的挑战,柯达很清楚,自己在半导体领域内没有任何竞争力,也没有任何战略能力的积累。所以它宁肯守着深耕了上百年的化学领域,也选择不进入自己毫无积累的芯片存储领域。从鼎盛期超过8万人到经历了破产重组之后只剩下2 000人,今天的柯达缩水成为一家特殊化学材料公司,因为这是它拥有最深厚的技术壁垒的领域。

指数基金的发展也是挑战者"反定位"成功的案例。现在全球市场上指数基金几乎占据资产管理的半边天。但几十年前,当指数基金刚刚出现时,传统大基金公司都采取了不与争锋的策略。传统大基金依靠2—20原则获益,即管理者每年收取管理基金总额2%的管理费,超过业绩指标之上的超额收益,管理者收取 20％的分润,它通过主动管理(比如主动选股)获得超额收益来吸引客户。指数基金则完全不同。相对于市场上传统基金有的能跑赢大市,有的则亏钱,指数基金强调自己的卖点是精准复制大盘,让用户可以获得市场的平均收益,而管理费要低廉得多。

为什么主动基金公司对于新进的指数基金公司选择不竞争?因为两者的收益模式完全不同,即使传统基金公司开发出指数基金,也一定会跟自己的原有业务竞争,而获得的收益远不足以抵御失去的利润。

2007 年,面对苹果发布智能手机的颠覆式挑战,诺基亚应对缓慢,浪费了宝贵的时间,一部分原因是诺基亚的管理层低估了手机市场不确定的未来。诺基亚显然是自己成功经验的奴隶,对手机市场形成了自己的认知偏见,轻视新模式,严重低估了智能手机的潜力。

拥有了"反定位"的视角就不难发现,在很多时候,面临战略性挑战或者高科技带来颠覆的时候,不能简单归咎于管理者的短视、缺乏战略眼光或者自满与自大(虽然犯类似的错误都非常可能),真正要汲取他们失败的教训,需要深刻理解在位者的想法和面临的约束。

他们或者会判断自己根本没有新进者的能力禀赋,现在再从头追赶根本没有胜算(柯达);或者很清楚,如果效仿新进者会对自己既有业务短期带来巨大的伤害,因此无法下定决心;或者知道长期效仿对手是正确的选择,却因为不愿意承担短期对既有业务的重大冲击而按兵不动(传统基金公司);这背后还很可能掩盖着经典的委托代理问题——即管理者看重短期薪酬,与股东的长期利益并不同频,这让管理者面临变局更愿意求稳,而不愿意冒险;当然还会因为经验主义,或者认知误差,低估了对手的潜在优势(不仅诺基亚,微软时任 CEO 鲍尔默在苹果手机刚刚发布后的评价也凸显了这种低估)。

非颠覆创新:另辟蹊径

既然自我革命那么难,反定位又束缚了在位者的手脚,有没有其他办法?《蓝海战略》的两位作者 W.钱·金和勒妮·莫博涅在提出蓝海战略 20 年后推出新书《超越颠覆:在不取代行业、公司或工作岗位的情况下进行创新并实现增长》(*Beyond Disruption*:*Innovate and Achieve Growth Without Displacing Industries*,*Companies*,*Or Jobs*)*,在书中提出,在位者不能简单用"以暴易暴"的方式应对外部的颠覆性挑战,如果想另辟蹊径,鱼和熊掌兼得的话,也可以想想非颠覆式创新的可能性,因为非颠覆式创新开创的是新市场,既

---

* W. Chan Kim and Renée A. Mauborgne, *Beyond Disruption*:*Innovate and Achieve Growth Without Displacing Industries*,*Companies*,*Or Jobs*, Harvard Business Review Press, 2023.5.

不会面临短期的得不偿失，也不会遇到太多内部的杯葛。

要理解超越颠覆的战略选项，首先需要对比一下颠覆式创新、蓝海战略，以及非颠覆式创新的区别。

颠覆式创新，就是用创新的技术和方法来解决既有问题，技术颠覆或者商业模式革命可以给消费者带来 10 倍以上收益提升，其结果是颠覆者几乎完全替代在位者。

商业史上颠覆式创新的案例非常多，比如在音乐领域，从 20 世纪 90 年代开始就发生了一系列颠覆，首先是 CD 取代磁带，接着苹果的 iPod 又取代了 CD，两者都是新技术取代旧技术，都是挑战者取代了在位者。但苹果的 iPod 还捆绑了商业模式创新，推出 99 美分听一首歌的服务，将颠覆从硬件领域延展到了整个音乐制作和发行产业。再之后，智能手机淘汰 iPod，则是苹果自我革命的结果，可见在位者克服内部既得利益的自我革命并非不可能，但必须要有乔布斯的执着为主导。

蓝海战略，就是用创新的办法来重新定义既有问题。蓝海战略从产业的边缘出发，而且很多时候是跨界之举，并不会彻底颠覆在位者，反而在边缘和跨界处开创出一番新市场和新天地。

蓝海战略的案例很多，在理论最初提出的时候针对的问题并不是在位者如何应对颠覆式的创新者，而是为了解决成熟产业中的在位者和新进者面临日益激烈的竞争，如何规避简单的价格竞争，找到全新赛道的问题。相对于肉搏式的"红海"，跨界开新篇的蓝海成为不少企业孜孜以求的创新点。比如欧美现在很流行的融合了古典音乐和流行音乐,在体育场而不是大剧院举办的音乐会,就是跨界的蓝海创新。

非颠覆式创新,则是发现并解决一个在既有市场之外的全新问题,在既有市场边界之外开创一番新天地和新市场。

一个典型的案例是过去十几年变得特别火热的电竞行业。电子游戏是血拼的红海,既有老牌游戏硬件软件厂商,又有手游的全新加入,竞争日趋激烈。电竞行业应运而生,基于一个不小的脑洞——会有不少人像喜欢观看体育赛事那样喜欢看高手打游戏,无论自己是不是玩家———下子开创了全新的观看打游戏的市场,并且覆盖到并不打游戏的全新人群。经过十几年的发展,全球电竞行业已经变成了一个10万亿美元的全新市场,拥有1.75亿粉丝,与专业体育赛会一样发展出了专业的赛会机制。

如果说蓝海战略帮助企业管理者厘清了应对竞争挑战的创新思路,非颠覆式创新则在剧变时代给企业家提了一个醒——技术变革和商业模式创新非常重要,但转换思维,拥有足够的视野宽度,挖掘临近产业的机会,寻找市场中没有被满足的需求,可能事半功倍。在剧变时代,看到涌现出来的新问题,然后用创新方法来解决,机会可能会更多。

这就需要企业家和创新者具备敏锐的问题意识,这种问题意识可能源自自己碰到的问题,比如INSEAD商学院的学生发现外国学生在西班牙申请助学贷款不容易,进而尝试针对商学院留学生学费贷款的非颠覆式创新;也可能源自自己观察到的困扰,比如在美国留学的肯尼亚学生回到内罗毕,发现贫民窟里无人收捡垃圾,萌生了收捡垃圾的创业想法。

归根结底,非颠覆式创新是"合并式创新"(combinational innovation)的一种,也就是我们常说的"新瓶旧酒",或者用一个领域内的成熟方案去解决全新领域内的问题。众筹网站 Kickstarter 在构思创业想法初期就意识到需要从历史上汲取成功经验。在学习文艺复兴时代艺术赞助人的历史时,他们发现很多时候著名的艺术作品并不只是由美第奇家族或者教会赞助,也有过大规模"众筹"的案例,比如教皇亚历山大推动将史诗《伊利亚特》从希腊语翻译成英语的项目,就获得了 750 人赞助,每位赞助人都得以在新译本的第一版上印上自己的名字。这启发了创业者,让他们意识到"留名"也是推动普通人参与"众筹"的主要原因之一。

剧变时代,颠覆频频,在自己的战略思考库中添加一套"非颠覆创新"的思路,不要急着反颠覆,花点时间审视自己所积累的资源和网络,拓展思维,想象还有哪些发展的可能性,或许真的能够跨越一步,海阔天空。

为什么要拥抱"渐进主义"?

龟兔赛跑是经典的寓言故事,我们可以从不同维度去解读,但核心问题都一样:为什么速度更快、爆发力更强的兔子最终会失败,反而是没人看好的乌龟最终赢得了比赛的胜利?这则寓言故事其实是在一个拉长的时间尺度上去提醒人们,短期内看到的速度和爆发力,并不意味着它能够持久;相反,一步一步的坚持,看起来像是乌龟的步履蹒跚,却更可能在长期中取胜。引申下来,追求短期的剧变,追求速胜,很可能不切实际,也无法带来真正的改变,相反要实现长期深刻的变革,小步迭代的改良反而更坚实,也更持久。

来自斯坦福的计算机科学家罗伊·阿马拉(Roy Amara)说过这样一句话:人们常常高估了短期可以完成的工作,另一方面又常常低估了长期可以完成的工作。这句话后来被命名为阿马拉定律,用于分析不同时间尺度下个人心理预期与实际工作之间的差距,提醒我们不少人会有一种期待剧变的倾向,但在实际生活中,渐变才是常态。

很多人可能会反驳说,我们恰恰处在一个剧变的时代,怎么可能依靠渐变来应对?我反而希望给出一个不同的思维框架。套用已知和未知的四象限图,剧变的时代意味着我们将面对更多"未知的未知",即俗称的"黑天鹅"事件,无论是外部环境的变化还是科技的变革,都是我们无法事先预测的。这时,我们是应该通过小步迭代的方式,"干中学、学中干",还是花大力气去构建宏大的设计和蓝图,然后按照蓝图来应对改变? 我想,这是特别值得深思的问题。

苹果颠覆金融业

2023 年 4 月,苹果和高盛一同推出了一项创举,给因为硅谷银行暴雷而"噤若寒蝉"的美国银行业带来了新一轮冲击。这一被称为"美国版余额宝"的创举其实没有太多技术创新的成分,双方合作推出了高收益的存储账户,年化收益率高达 4.15%,是美国的银行平均储蓄账户的收益的 10 倍(美国的储蓄账户类似活期账户,在满足最低存款要求的情况下,可以随时支取)。

为了应对高通胀,美联储持续加息,目前联邦基础利率提升到 4.5%。因为担心类似硅谷银行暴雷的事件再发生,许多储户把存款从小银行搬家到大银行。高利率时代同时推动更多储户为了获得更高收益,把存款转而投资货币基金(余额宝就是一款货币基金)。而苹果与高盛合作时机恰到好处,给了美国储户"鱼和熊掌兼得"的存款方案,收益类比货币基金,却是真正的银行存款,享有联邦存款保险的保障。

苹果给美国金融业带来的颠覆不是一蹴而就的,甚至可以说苹果在过去十年一直被认为并不是风起云涌的金融科技(Fin Tech)领域中的弄潮儿。2014年刚刚推出苹果支付时,用户接受度很低,到2016年只有大约10%的苹果手机用户使用。但到了2020年,这一比例跃升到了五成。在这一过程中,苹果研发并推广了不仅让苹果手机用户可以支付,同样也能收款——尤其是接受信用卡支付——的功能,在苹果金融收付的闭环中绕过了信用卡公司、在线支付公司和银行,也威胁到了刷卡机这种支付硬件公司的生存。虽然这种功能支付宝和微信早已实现,但在金融利益纠葛错综复杂的美国则是改变游戏规则的举措,只有稳扎稳打积累到足够多的用户时才能推动。

2019年,苹果与高盛合作推出苹果信用卡,强调安全性,同时给出消费3%现金返还的优惠,迈出了直接提供金融服务的第一步。4年之后,苹果推出储蓄账户,同时提供消费金融的"先买后付",利用自己庞大的资产负债表做小额借贷业务,以至于摩根大通的CEO杰米·戴蒙(Jamie Dimon)大呼苹果为"不是银行的银行"。

可以从两个方面去理解苹果的"渐进式"创新。

首先,金融领域并非苹果熟悉的领域,在起步阶段需要有合作伙伴。与合作伙伴的磨合过程也是苹果跨界的学习过程,其中它意识到在金融领域任何的剧变都可能带来巨大的挑战,一方面会引来金融监管的关注,另一方面则是招致金融同业的怀疑。所以小步走,不断加快步伐是比较稳健的做法,一开始被人轻视的苹果在较长时间段内仍然可以取得大的突破。

其次，苹果并非盲目跨界，其金融创新的核心是消费者服务的数字化转型，基础是它所积累的海量优质消费者数据。让消费者接受新事物，尤其是颠覆他们非常熟悉的金融服务，需要时间和耐心，而一旦习惯改变的消费者增长达到一定规模，网络效应发酵，就会推动指数级增长。而且苹果的目标不仅仅是改变金融服务的生态，而是从消费者大数据分析切入来重塑金融产业。消费者行为数据是底层，苹果手机是软件与硬件高度融合的平台，是高频触点、交易媒介，金融则是在其上的服务。成为"不是银行的银行"是苹果在金融领域内颠覆所迈出的一大步，这才是新时代"龟兔赛跑"的核心所在。

创新与计划

苹果之所以选择渐进主义，主要是它要颠覆的市场存在着各种利益盘根错节的"在位者"，而改变用户习惯也不可能操之过急。在其他一些领域，创新者还会面临两大挑战：一是对问题的了解不可能全面，二是对解决方案可能带来什么后果也不可能全然预测。这就需要他们在不断试错和迭代的尝试中前进，而不是从一开始就有明确的计划。相对于计划，创新的方向和目标更重要。此外，我们也不能否认"偶然和运气"在创新中所扮演的角色，而偶然和运气都是不可能被计划的。

在"未知的未知"——也就是未来的展开与过去截然不同——的时代,没有谁能够快速掌握全部的信息,也没有谁能够给出未来发展的蓝图,让人只要跟着去执行即可。在"未知的未知"的时代,我们不能等待搜集更全面的信息之后再去计划决策执行,而是需要有更快的行动力,在行动中验证想法,搜集信息,不断迭代。此外,剧变的时代,任何创新都可能被替代,在一些领域内只有一次创新不够,需要持续创新。

《渐进主义:激进时代的渐进变革》*提出了三层关于渐进主义的常识值得我们思考。

第一,"毕其功于一役"的思考在剧变时代很流行,以为做好详尽的规划,把一切推倒重来,就能赢得胜利。不难发现,这样的思考方式,仍然是有限游戏或者说"零和游戏"的思考,缺乏对复杂变化多次博弈的认知。多次博弈,不断变化,根本容不得复杂周密的设计,所谓"计划赶不上变化"就是这一道理。渐变,改良/改革反而是剧变时代不断试验,同时不断经受检验的最佳方式。

第二,小步迭代才能真正实现大跨越。这展现了计划和实践之间的张力。计划越宏大,耗费时日,就越难迈出改变的步伐。相反,小步迭代,积小胜为大胜,反而是大多数成功者的经验。管理者将这总结为 PDCA——计划(Plan)、实践(Do)、检查/反思(Check)、再

---

* Greg Berman and Aubrey Fox, *Gradual：The Case for Incremental Change in a Radical Age*, Oxford University Press, 2023.3.

行动（Act）。这里计划与实践紧密相连——不要过度计划，强调尽快实践，反思与再行动环环相扣，体现了干中学、学中干的总思路，也是解决复杂问题的抓手。实践与学习结合很重要，创新实践需要把整个工作分解，从提出想法，到验证概念（POC），再到试点，最终推广，每一阶段的侧重点都不同。

第三，体现了短期和长期之间的张力，也为龟兔赛跑作出了全新注解。渐进主义好像乌龟，短期看不到太大的改变。激进主义类似兔子，很快就能带来大改变。但如果从长期衡量——这个长期是几年甚至十年——不难发现，乌龟的厚积薄发，相比较兔子有爆发力但缺乏持久性，更胜一筹。改变需要耐心，改变面临各种阻力，改变能否持久也需要持续的经营，这都是渐进主义的重要特点。

渐进主义的四大核心要素

《渐进主义》提出了渐进主义者所需要的四大核心要素，分别是诚实、谦逊、灰度和尊敬。

首先是诚实，即无论面对问题、定义问题还是提出问题都保持诚实。著名经济学家托马斯·索威尔（Thomas Sowell）就曾经说过，没有解决办法，只有权衡利弊，无论你做什么来处理人类的缺陷，都会创造出另一个问题。换句话说，解决复杂问题没有一劳永逸的方法。

其次是谦逊,也就是每个人都需要有自知之明,渐进主义者很清楚自己知道的并不多。杰瑞德·戴蒙德(Jared Diamond)在《剧变》中就特别提出需要"诚实的自我评价",尤其需要承认自己并不一定拥有完备的信息,在做事的时候需要打破信息茧房。知道自己的认知局限,这是科学思考的基础。"厕所实验"就能很好地检验一个人对自己认知的高估(当被问及是否了解厕所的工作原理时,大多数人的回答都可能为"是"。但当提问让他详细介绍或画出厕所的运作原理时,大多数人却很难给出满意的回答)。

其实不仅是厕所实验,事实是我们大多数人都不知道如何解决多维度多因素的复杂问题。像贫穷、老龄化、少子化、教育改革、医疗改革这样的复杂问题,没有哪个国家真正做得很好可以直接拿来抄作业,大多数国家都在探索中,而这样的探索也需要不同专业不同阶层的人群参与。

再次是有理解的灰度,懂得细微的差别。世界不是非黑即白的,复杂的问题需要理解的灰度,辨别细微的差别,才能不会被意想不到的后果惊掉大牙。具备灰度思维的人有时会被认为是易于妥协的人,但恰恰是能察觉到问题的细微差别,才能理解世界的复杂,避免陷入简单两分的思维模式之中。恰恰因为世界的复杂,充满了各种相互冲突的利益纠葛,所以"做中学、学中做",通过实验获取经验变得尤其重要。

最后一点是尊重,尤其是对对手的尊重。

2023 年 4 月 20 日 SpaceX 的巨型火箭星舰在发射测试中失利,

第一级火箭发射后,33 颗猛禽发动机中的 5 颗没有启动,上升到 40 公里高度时两级火箭分离失败,不得不启动自毁程序。Space X 的创新是渐进主义的。虽然马斯克征服火星的梦想非常激进,他甚至说过不管怎样我都要抵达火星,无论是软着陆还是硬着陆,但在实际推动中,工程师思维的不断实验、小步前行,是 SpaceX 能发展到今天,能开始测试全球火力最强劲的火箭的原因。星舰可以将 150 吨有效载荷送入轨道,比 50 年前最强劲的"土星五号"火箭载荷还要多 10 吨。对 SpaceX 的努力和失败,我们应该保持尊重的态度。

理解厚积薄发,懂得"积跬步至千里"的道理

虽然创新是偶然的,无法设计,但预测创新的结果还是有规律可循的。

如果一个领域是新领域,很长时间都没有新发现,应该把创新的关注点放在简单的增量上,找到新配方一般就可能有所收获。如果一个领域复杂程度已经很高,若要深度挖掘,就需要尝试更复杂的配方,而搜集一些日后可能用得着的成分可能回报更高,这时积累和耐心就变得重要。

英文用低垂的果实(low-hanging fruits)来形容那些在未经开拓的领域中存在着唾手可得的成功机会。这时我们应该关注速度,从简单处着手,快速将其与现实世界碰撞。相反,当低垂果实都被摘

完的时候，坚持抓住那些在复杂性越高的事务中产生效用的东西更有意义。探寻那些并不能马上发挥作用的事物，网罗各种闪亮的、有趣的想法，增加它们机缘巧合在一起时出现意外收获的概率。这时，创新就需要有耐心，需要不断实验，而不是期待立竿见影的效果。现实世界中，大多数领域里已经没有了低垂的果实，进入深水区就需要一方面注意积累，一方面小步前行。

回归到《渐进主义》这本书。这本书的语境是美国，分析美国政治改革的困难(比如两位作者都是推动美国法治改革、罪犯管理的专家)，强调渐进主义的重要性，这种渐进主义相对于日益撕裂和两极化的美国而言，颇有裨益。我把它对政治的分析套用到经济发展和转型上来，但如果回归政治的话，渐进主义显然同样重要。

换句话说，面对复杂的问题，想要真正推动改变，需要假以时日，需要不断试错，也需要有"积跬步至千里"的耐心。

成为必需品的"想象力"

2023 年 3 月上映的电影《俄罗斯方块》讲述了苏联时代"摸鱼"的一款小游戏如何风靡全球的故事,也打开了人们记忆的盒子,追忆了搭载"俄罗斯方块"的掌上游戏机 Game Boy 在 1989 年圣诞假期全球爆火的发售盛况。

掌上机是日本游戏生产商任天堂开辟出来的全新品类。Game Boy 可以上溯到 1980 年任天堂推出的卡片机 Game & Watch,而这款卡片机的发明更经典。

1977 年,任天堂的一位游戏设计师乘坐东海道新干线时看到一位乘客摆弄着手里的名片夹,无聊地打发时光。他突发奇想,如果能设计出一款名片夹大小的游戏机一定爆火。他利用一天给老板当司机的机会(因为进口豪车左舵,公司里只有留美的他会开)向老板建言自己的构想。几天之后,老板请来夏普公司的专家商讨如何设计一款掌上游戏机。当时任天堂还是一家小公司,夏普则是如日中天的高科技企业,但因为当时正和卡西欧在计算器市场大打价格战,所以愿意探索应用自己技术的新场景。此时,新的竞争对手个人电脑马上就要脱颖而出,计算器的价格从几百美元一路下滑,夏普希望从价格战中抽身,为自己的 LCD 显示屏技术找到新的应用。尽管没有被完全说服,夏普的设计师还是设计出了一款比名片夹大不了多少采用黑白 LCD 显示屏的掌上游戏机。在任天堂的打磨下,这款机器一下子成为爆款。

任天堂的掌上游戏机设计简单,普通 AAA 电池即可续航十几天。竞争对手看到了市场的火爆,纷纷推出更加精细的产品,比如配置了彩色屏幕——但是彩色屏幕有分辨率低和耗电的问题——却无法撼动任天堂节俭式创新的地位。当同事纷纷担心竞争对手会动了任天堂的奶酪时,设计师总会问,他们的屏幕是什么制式的?一听是彩色屏,他就不担心了,因为没有谁能够在性价比上赶超任天堂。9 年之后,Game Boy 的推出依然延续黑白屏幕长续航的设计,只是在搭载游戏的选择上,任天堂原本准备装上当家花旦"超级马里奥",最终却选择了俄罗斯方块。恰如电影中的男主角所言:如果你想让孩子们喜欢,选超级马里奥不会错,如果你想要所有人都喜欢,请考虑俄罗斯方块。不出所料,初代 Game Boy 在全球销售了1.18 亿台,这在当时几乎是天文数字。

小结一下,任天堂的创新体现了三个特点。

第一,卡片机的想法貌似灵光乍现,背后却是跨界想象力在驱动,从新干线上摆弄名片夹的百无聊赖中看到了掌上游戏机的巨大商业场景。

第二,实现想象力需要开创精神,以及理解产业趋势的外部视角。无名的设计师敢于跨越阶层组织的障碍抓住机会向老板建言,老板不仅有开放的心态，也懂得产业正在发生的变化，了解如日中天的夏普也有转型需求。当然，一个产品从想法到真正实现，需要更多人参与的不断打磨和迭代。

第三，节俭式创新的精髓——将成熟的技术，甚至可能是已经被同行认为淘汰了的技术，重新拼搭。干电池加黑白 LCD 屏幕，利用计算器被淘汰后的剩余产能开发卡片机就是经典的合并式创新。同样，9 年之后更先进的手持设备搭载老少咸宜的"摸鱼"游戏，也是一种创新。而任天堂一直坚持这种节俭式创新，2006 年发售了 Wii，2017 年又推出 Switch，配置都不是行业顶尖，却因为简单易上手而找到更多用户和场景。

想象力一直是驱动企业创新和转型的动力。在数字化转型加速的当下，想象力更变成了个人和组织的必需品。本章希望回答有关想象力的三个问题。

第一个问题：如何在组织中激发人的想象力？

《制造想法：想象力创造增长方法论》*提出，想象力主要来自三个源泉，分别是偶遇、反常和跨界类比（合并式创新），而激发想象力需要人跟组织都做好准备。

---

* ［美］马丁·里维斯、杰克·富勒：《制造想法：想象力创造增长方法论》，刘翀译，中信出版集团 2023 年 3 月版。

很多组织都执着于在工作场景中创造偶遇的环境。二战之后，贝尔实验室在新泽西的莫里山修建的办公楼就贯彻了促进跨学科偶遇和碰撞的原则。在这组建筑群中，所有的楼宇都连接在一起，便于部门之间的往来，也为物理学家、化学家、数学家以及工程技术部门人员之间的密切接触和交流提供了便利。研究人员既有实验室，又有办公室，但两者位于不同区域，这样也大大增加了他们在其间来回走动时与其他部门同事交流的机会。此外，通往大楼侧翼的走廊故意设计得很长，一眼望不到头。这样大家走过走廊的时候难免会遇到同事，有机会碰撞出新的想法。

无独有偶，二战期间修建的麻省理工学院最著名的66大楼的设计也是如此，不同院系杂处，门牌号码混乱，走廊弯弯绕绕，无论是访客还是员工，少不得转晕了找人问路，偶遇机会爆棚。而20世纪90年代，当乔布斯为自己创建的动画公司皮克斯设计新大楼的时候，仍然贯彻了这种人为让不同部门多偶遇的原则，甚至一度希望只在三层大楼的一楼设有厕所，强迫所有人在如厕的路上和不同人相遇。

过去10年，在算法驱动下人与人之间的偶遇和碰撞越来越少，而新冠疫情中涌现出来的远程/混合工作的大趋势也让办公室内的偶遇（所谓茶水间闲聊）变得更少。这就需要组织和个人思考如何创造新的偶遇机会，碰撞新想法的火花。

反常需要每个人都做有心人。面对反常的现象，非但不以为怪，或者漠不关心，反而要用心研究，而且企业内部对于不同的想法也能做到有所包容。

　　与偶遇和专注反常一样,跨界类比也是发挥想象力的大宗,但真正要做到跨界类比,需要积累。很多人以为创新就是"眼前一亮"的突发奇想,却忽略了其前提是平时已经搜集积累了不同领域内大量的素材,才能在全新的场景中碰撞出新的关联。

　　跨界类比的创新不是外人看来聪明人不费功夫的刹那所得,也不仅仅是厚积薄发的通透,还需要大量辛苦的工作。《创新曲线》(*The Creative Curve*)* 就特别强调:20 年的努力奠定了一夜成名。很多人只看到了创新者闪亮的瞬间,却没有看到他们辛苦的日日夜夜。

　　类比也需要打破思维框架。1996 年,为了庆祝苹果创建 20 周年,首席设计师乔纳森·伊夫(Jonathan Ive)授命负责台式电脑的全新设计。新书《乔布斯身后》(*After Steve*)** 记录了当时伊夫的思路。他自问了三个类比的问题:谁在之前做过类似的尝试? 我们能从他们尝试的新材料中学到什么? 他们的尝试能否激发我们做得更好? 沿着这一思路,伊夫设计出的 iMac 拥有多种色彩透明的塑料外壳,尽管每一个外壳成本为 60 美金,比正常的贵几倍,仍然得到了乔布斯的赞许:"它看上去好像来自另一个星球,一个有着更好设计师的星球。"

---

　　*　Allen Gannett, *The Creative Curve*:*How to Develop the Right Idea*,*at the Right Time*,*Crown Currency*,2018.6.

　　**　Tripp Mickle,*After Steve*:*How Apple Became a Trillion-Dollar Company and Lost Its Soul*,William Morrow,2023.6.

当然,伊夫的设计创新不仅局限于尝试新材料,还有一个更重要的出发点:如何让用户对电脑不再觉得陌生、恐惧、难用。换句话,如何给个人电脑带来温度,让它不再是极客的专宠,而成为大众喜爱的消费电子产品。当他提出这个想法的时候,有同事建议把电脑的外壳设计像一个鸡蛋。苹果内部对这种奇葩的想法,非但不会拍砖,反而鼓励进一步讨论。顺着这一思路,iMac鸡蛋状透明塑料外壳内装下了显示器和主板,重新定义了家用电脑一体机,也成为市场上的爆款,帮助苹果从电脑公司进化成为消费电子领域的王者迈出了坚实一步。

这也就引出了下一个问题,想象力和创新在组织内部可以系统化么?

第二个问题:如何系统性推动想象力和创新?

在组织内部系统性推动创新,必须理解发挥想象力的三个特点。

首先,想法是脆弱的。无论是新的想法还是新的思考框架都是脆弱的。脆弱一方面是因为它不成熟,另一方面也因为在组织内部,标新立异很容易被打压,必须有呵护的力量。

苹果的乔布斯就很能理解呵护创新的重要性。乔布斯很清楚,新的想法无法预期,很可能是偶然发生的,在意想不到的时间地点涌现出来,同时新的想法又是脆弱的,在真正充分发展之前很容易被压垮。管理者的首要任务就是保护新鲜想法,给创新者以空间,不要对新的想法一棒子打死,鼓励实验,给员工以尝试新想法的安全心理空间。

可以说伊夫在乔布斯身上找到了知音,但乔布斯何尝不是在伊夫身上找到了他所期待的创新?乔布斯对设计提出的各种新要求不断激励着伊夫,当然他也是伊夫最大的支持者。好的想法需要依赖组织资源生长,这一方面要求提出想法的人有懂得如何对外沟通自己的新想法,另一方面也需要组织内部有拥趸,有支持者。创新其实是一项团队运动,需要有导师、有鼓励者、有砥砺前行的队友、当然还要有赏识的贵人。在公司内部,如果 CEO 是创新的推动者和支持者,创新就更容易持续。

其次,新的想法一开始是混乱的,需要不断进化,而进化是实验的结果,也是一个想法在组织中不断锤炼的结果。

伊夫在求学期间就形成了自己的设计风格,追求"少却更好"(less but better)的简练风格,不喜欢堆砌得花里胡哨。这一想法与苹果在 20 世纪 80 年代所提出的口号"简单是最终的复杂"心有灵犀。而这种极简的风格主要源自对用户的理解,是苹果设计创新想法不断迭代进化的主方向。

最后,发挥想象力,需要组织开启从执行力到想象力的跨越,其核心是在企业内部系统性地解放人。

经历了几十年规模化大生产的洗礼,大多数企业在效率、流程、成本控制等方面已经具备比较完善的经验,所缺乏的是管理不确定性、推动创新、创造环境让员工发挥自由想象力的框架。换句话说，企业在管理"衡量可以衡量的"方面已经做得很好，需要在管理中增加这些对推动未来发展带来新的可能性元素的权重，而这些元素通常是并不容易量化的。

发挥想象力其实是组织从优秀到卓越必须跨越的历程。优秀所依赖的是执行力、流程优化、绩效考核，仔细想来都是"反人性"的，因为需要大家整齐划一，需要标准化，成本控制，依赖奖金激励。但发展到一定程度，很多组织发现进一步改善变得不容易了，尤其沿着原先发展路径寻求改善不容易了，这时就需要思考三方面的转型。

一是创造力，也就是想象，它相对应的是执行力，强调执行就会压抑创造的空间，同样鼓励发挥想象力，就需要允许在执行效率上留下自由裁量的空间。二是以人为本，充分发挥员工的创造力，它相对应的是流程优化，流程优化的极致是把人变成机器人，而以人为本则是回归人之所以为人的多样性，鼓励员工分享不同的想法，在个人成长的同时推动组织的进化。三是寻找新机会，它对应的是绩效推动，新机会意味着打破原有做事的框架，创造出更多的可能性，转换成面向未来的创新驱动。

显然，创造力、以人为本和寻找新机会这三点与企业管理者所熟悉的效率、流程、绩效针锋相对又相辅相成。能做到这三点，需要企业真正完成思维框架的转型，不再在规模化发展和灵活创新之间作取舍，而是努力做到规模化发展的同时灵活创新。

第三个问题：为什么想象力成了必需品？培养想象力又有哪些建议？

个人和企业都需要把想象力提升到和效率一样的关注水平，因为想象力已经成为人和企业发展的必需品。

这一方面是因为 AI 的进化。日益先进的 AI 会把知识"大宗商品化"。简言之，知识变得更为廉价，更为唾手可得。勾兑知识，构建知识体系，推陈出新，成为人需要花更多精力去做的事情。人与机器最大的区别是人会问问题，未来问题比得出答案重要得多。会问问题是发挥想象力的开始。反事实推理，能够对现实中并不存在的事物进行思维建模，探索未知，这些都是想象力。当大量重复劳动被机器所取代之后，人也需要花更多时间去发挥想象力。

另一方面这也是企业转型的需求。企业发展从小到大，传统认知是从充满想象力不断探索的小团队，发展到组织严密的大团体发挥规模化高效率成本优势的过程。这一过程在工业时代所构建的护城河很深，不用担心企业的优势很快丧失，甚至企业之所以要规模化就是为了长期利用这一优势。但剧变的时代，企业保有竞争优势的时间已经一再缩短了，从 30 年前的平均 10 年下降到现在的两三年。外部环境高度不确定，新的对手来自赛道之外，这些都需要企业不断去重构或重新想象自己的业务，自我颠覆成为必需。这就需要企业拥有系统发挥想象力的能力。

那怎样培养想象力呢？以下五点建议值得参考。

第一，每个人都应该留出时间思考，不能因为太忙而迷失。比尔·盖茨就曾经说，忙是新的蠢。他每年都会留出几个星期的时间用于学习、充电、反思，带着一大包书到小岛上阅读思考。慢是新的快，这就需要重新定义效率和想象力的关系。效率至上一定把忙放在第一位，发挥想象力却不是光是有做事的速度就可以。相反保持好奇心，需要浪费时间，需要有时间反思和跨界思考，有时间积累熟悉知识领域之外的"无用之用"，为未来类比搜集素材。在剧变的时代，需要的不是更快的节奏，而是张弛有度的干中学、学中干。

第二，每个人都需要跨界，持续引入外部视角。在日益圈层化的世界，更需要每个人破圈，进入与自己不同的他者的世界，因为与外界有更多交集的人会有更好的点子。

第三，要平衡自谦与自负的心态。过于谦逊可能导致无法很好地对外表达自己的新想法，而过于自负则可能听不到他者的反馈。平衡自谦与自负的中庸状态更有助于发挥想象力。依靠一定的自负推动自己分享新想法，推动创新需要培养讲故事的能力，再自谦地以开放的心态听取批评意见，听取外部反馈，这样才能让新的想法更好地迭代。

第四，需要学以致用，在行动中细化。负责构想和创新的人需要直接下场，亲自参与把想法变成现实，经受市场检验的全过程，让想象力落地一定不能借用别人过滤的二手经验。

第五,需要找回想象力的初心。每一个五岁的孩子都拥有想象力,但一旦进入正式的教育体制,想象力就可能不断被扼杀。个人与组织找回想象力,需要回到一种玩耍的状态。玩耍创造了一个无风险无压力的环境,在这一过程中做一些预期之外的事情也不会产生不良后果,这样大家才可能真正打开思想。

激发想象力,需要保持好奇心。一般人认为好奇心不会在短期内带来收益,其结果也不可预则。这恰恰是想象力的特质。想象力不能用于解决短期紧急的问题,反而会增进对长期重要问题的思考,给出新颖的选项。而结果不可预测也非常契合不确定的世界。如果环境是确定的,不会留下多少想象的空间。恰恰因为环境越来越不确定,才需要想象力建构创新的框架。

如何拓展能力圈

ChatGPT 是 2023 年最火的黑科技,让沉寂了一段时间的人工智能变成几乎每个人都在谈论的话题。和每次人工智能火热一样,机器会取代哪些工作、如何培养不能被机器取代的特质、如何与机器协作,这三个问题成了最经常被提及的问题。这些问题一方面突出了高科技时代人类对自己能力的质疑,另一方面恰恰凸显塑造并拓展一个人的能力圈的重要性。

什么是能力圈?就是一个人所具备的能力,以及这个能力所覆盖的领域。能力圈界定了我们每个人所擅长的工作和认知的范畴,也构建了每个人的舒适区。看到能力圈的边界,让我们敬畏快速变化的世界,愿意承认自己的无知。承认能力圈的存在,也让我们在能力圈内游刃有余之余,有动力去不断拓展自己的能力边界,并在这一过程中勇敢走出舒适区。

能力圈是我们理解世界的目力所及。当前世界充满不确定性,知识日新月异,在每个人的成长过程中,能力圈也必须同步更新,不断拓展,才能让我们更好地去理解世界。

塑造并拓展一个人的能力圈涉及三个关键维度。

首先是好奇心和求知欲,即驱动一个人不断学习的能力。在不确定的时代,LQ 是新的 IQ。LQ 就是"学习商",或者一个人的学习能力。如何应对不确定? 最重要的就是保持好奇心、思辨力,并提高知识的新陈代谢。培养 LQ 需要有跨度,走出狭窄的专业领域,保持开放的心态,也需要探寻不同领域之间的关联性,懂得"新瓶装旧酒"的合并式创新原则,更需要"厚积薄发",形成好的学习习惯。

其次是学会并坚持反省。学习和自省是一体两面,自省确保我们清楚自己的长处和短板,清晰自己能力圈的内核和边界;而没有反思就无法学习,不学习就注定会再三犯错。

最后则是汲取外部的反馈。学习和自省都是内生的行为,这些行为需要得到外部正向的反馈才能不断迭代。恰如一万小时定律所强调的,不仅仅是自己付出一万小时的努力,而且要不断接受外部高人的反馈,查找自己的缺漏和盲点,不断改进。如果说学习和自省提供了重要的内部视角和自驱力,外部的反馈则给出了重要的外部视角,避免我们陷入坐井观天的封闭状态。

一批新书帮助我们更好地理解塑造和拓展能力圈的重要性,也给出了不少切实可行的建议。《思考的框架》*总结了应对现实问题的多种思维模型;《复盘:复盘 3.0 时代如何"从破到立"避开"深坑"问题》**给出了个人和企业自省并寻求外部反馈的实操建议;《第二

---

　　* [加拿大]沙恩·帕里什、里安农·博宾:《思考的框架》,尚书译,中信出版集团 2022 年 12 月版。
　　** 沈磊:《复盘:复盘 3.0 时代如何"从破到立"避开"深坑"问题》,浙江教育出版社·湛庐文化 2023 年 1 月版。

大脑：脑机协作如何改变个人发展和家族传承》* 强调了学习和思考方法的"数字化转型"；而2018年的一本小书《极简科学起源课》** 再次强调了科学思维的重要性。

知识经济时代最公平的是时间，最可塑的是习惯，最值得投资的是自己，最难的是坚持与智者交流，但假以时日，最受益的也是这一点。

拓展能力圈，首先塑造思维模式

在很多情况下，情绪和直觉支配我们的决策，而信息茧房则限制了我们的认知。有效的思维模式能帮助我们走出直觉和情绪，打破信息茧房。构建有效的思维模式，需要正确处理宏观与微观、复杂与简单、长期与短期这三个维度的关系。《思考的框架》基于这三个维度给出了一套思考和处理问题的方法论，有助于避免我们陷入直觉的谬误，在鼓噪的社交媒体中不被假消息蛊惑，思考问题时切中肯綮，解决难题时另辟蹊径。

第一个维度是理解部分与整体、微观视角与宏观视角、虫虫思

---

* 徐子沛：《第二大脑：脑机协作如何改变个人发展和家族传承》，中译出版社2023年2月版。

** ［意］卡洛·罗韦利：《极简科学起源课》，张卫彤译，湖南科学技术出版社2018年11月版。

维与鸟瞰思维、实践与思考、具象与抽象之间的联系与区别。地图是现实的抽象，但毕竟与现实不同，在简化了复杂世界的同时，我们也需要知道被漏掉的信息在一些情况下同样重要。人与动物最大的不同，人类进化史之所以能够超越其他生物繁衍进化的速度，是因为我们会做"思维实验"。思维实验结合实践和思考，可以复盘过去，也可以逆向思考，跳出直觉的限制。

第二个维度建立在处理复杂与简单的关系上求简。第一性原理现在不断被人重复，其核心是挖掘和审视所有人为的假设，剔除这些假设之后抓住核心问题、核心挑战。在实践中运用第一性原理挖掘认为假设的一种方法可以通过不断的诘问，直到别人回答出"我认为……"才停下来。主观的判断就是人为的假设。

类似化繁为简也是我们在处理人事上需要坚持的原则，这样就有助于我们不被各种假消息满天飞的"阴谋论"所裹挟，也不会被各种奇闻怪谈所蛊惑。越是绘声绘色的解释，越能引起情绪激烈的反应，可能距离真实越远，这也是两个剃刀原则所想表达的。

奥卡姆剃刀定律强调，面对复杂现象，简单的答案比复杂的解释要更有可能性；汉隆剃刀定律则提醒我们，面对失败，遇到挫折，不要总是归咎于带来困难和失败的人的坏心思，更多时候，那只是因为他们愚蠢、懒惰，或者不作为。这也是化繁为简的思路，简单的解释更有可能是正确的，造成失败的原因比我们想象的要简单得多。对方犯错是因为他没有经过缜密的思考，只是简单的行为，可能是因循守旧，可能是偷懒愚蠢。这样一来，也有助于我们不在人事上过度纠结,转而去寻找做事的症结点。

第三个维度需要加深思考的深度,看长远而不只是盯着眼前,这也是二阶思维能帮助我们更好地展开思维实验的原因。什么是二阶思维?就是跳出做 A 带来 B 的简单推导,而是在思考复杂问题时,很清楚一旦一个变量发生变化之后,可能产生哪些潜在的一系列后果,尤其是没有预料到的新情况。蝴蝶效应就是二阶思维的加强版。

二阶思维要求我们进行更长远、更具整体性的思考,要求我们不仅要考虑自己的行为及其最直接的后果,还要考虑更深层次的结果。如果没有考虑到结果背后的结果,就没有真正思考过。

最近四川允许非婚生子女上户口的举措,就值得用二阶思维来分析。鼓励生育问题的讨论绝对不能只考虑"一阶思维",即只看到某些政策的直接结果,而看不到潜在的更为复杂的可能性,因为在社会这样的复杂体系中,任何重要变量——生育政策是其中之一——都可能带来意想不到的结果。

二阶思维其实就是对潜在意想不到的结果的分析和预判。如果我们用二阶思维来讨论允许非婚生子政策时,就需要罗列出各种潜在的可能性:"非婚生子"处于什么样的法律地位?除了上户口之外,其他公民权的保障如何确立?比如继承权和血亲父母的赡养义务。此外如果与其他上位法之间出现冲突,比如《婚姻法》中关于重婚罪的条款,是否需要修订?这些问题都需要在决策前讨论。

归根结底,二阶思维避免我们陷入"头疼医头,脚疼医脚"的困境,可以从整体和长远来思考问题。

塑造能力圈需要培养好的习惯

塑造自己的能力圈,首先要懂得自我进步,也就是通过自我洞察、分析、行动调整而获得进步。培养形成记录、思考、总结的习惯是必修课。在《第二大脑》中,涂子沛介绍了如何利用最新的数字化记录工具来协助每个人做好思想的整理,找到每天记录下来的思想火花之间的关联度,从而构建数字时代个人私域的知识体系。其核心观点基于人类学习的重要认知:借助记录可以展开思考,而完整的记录本身就是系统化的思考。

记录、反思、提升,以及构建自己的外部存储,背后有一系列研究的支撑:人类的学习需要反复加强,大多数人都不可能有坚实的记忆;记忆是不可靠的,随着时间的推移会不断褪色。创新是重新组合,写作也是一种创新,在这一过程中需要调用之前读到过、记录过、感受比较深的案例,但如果仅仅凭借记忆——即少数人拥有的"博闻强记"——检索的时间费时费力,还很可能一时卡壳,这时候拥有方便检索的"第二大脑"就变得十分重要。此外,作为一种学习方式,把所读、所想记录下来,然后再花时间找到相互之间的关联,甚至发现全新的关联度,也是一种学习的方式。记录和思考其实是一体的,尤其在记录时就不断总结、提炼阅读的精华,再结合自身的体会,形成新的阐发,就可能产生巨大的价值。

我自己的习惯是晚间用来阅读,早起浏览每日重要新闻,然后完成自己对昨晚阅读的提炼和记录。这种记录并不是抄写昨晚在书上划出的金句或者要点,而是总结昨晚阅读中感受最深的观点。养成了这种总结、提炼和记录的习惯,受益匪浅。

《第二大脑》建议定期整理自己记录的内容,与记录的内容再邂逅和巧遇,也符合记忆和学习的基本法则。遗忘是常态,哪怕是自己记录下来的想法。怎么把记忆内化成自己的认知,甚至能够被灵活运用,需要不断地去重温。温故知新,恰如其分。当然与自己记录内容再次的邂逅,也能够找到全新的关联,丰富自己的知识网络。

展望未来,ChatGPT 的人机互动会带来全新的可能性,如果GPT 可以对每个人私域的知识图谱进行分析的话,搜索和建立新关联的功效会更明显。

《复盘》的作者沈磊用"晨钟暮鼓"来比喻学习和自省的习惯。在早晨精神最好的时刻(如果你是一个早起的人)吸收最新的资讯,拓展自己的视野,学习新知;在一天工作结束之后,花时间做简单的小结,查找实践与期待的差距。

好的自省习惯可以在每天工作结束之前的 20 分钟作为每日工作的复盘,记录下工作中取得的小成绩,也记录下对一天工作失误的思考,或者是感悟。每日记录的动作很重要,它为未来更全面的自省保留了原始的素材,如果等到某个重要节点——比如每月或者每年——再去重新整理素材,费时耗力,而且可能已经遗忘了。"好记性不如烂笔头"。而且时过境迁,后续对同一问题的追忆,比照当时的原始记录,既可以看到视角不同——拉长时间线就能给出不同的视角——所带来的变化,也容易体察到因为自身进步而看到处理相同问题的不同切入点。

晨钟暮鼓,总结了拥抱新知与梳理复盘之间的关系,在企业中前者帮助领导者不断突破,后者帮助领导者梳理自身的问题,找到改善的点。

如何在团体复盘中塑造能力圈

好的复盘恰恰是从自我反思开始。但复盘的应用场景要丰富得多。团体的复盘个人如何参与?个人如何从团体的复盘中获得帮助,拓展自己的能力圈?

在企业场景中,复盘就是在一个项目结束、一段时间工作完成、一种战略实施后对流程做一个沙盘模拟式样的再推演,总结经验,汲取教训,从而为未来的发展提出洞见。

复盘作为一种团体的实操工作,在许多领域中都有类似的做法。"复盘"名于围棋高手对弈之后的复盘,重走一次,一一点评,更深理解妙招和昏招背后的原因。又比如外科医生每周都需要复盘,M&M(医疗术语 Morbidity and Mortality,即发病率和死亡率)就是每周一下午的复盘会,所有医生一起回顾过去一周的医疗数据,同时梳理那些手术后发病和死亡的案例,看一看是不是哪里做错了,哪里可以预防和改进,尤其是流程上的创新改进。

外科手术的复盘相对简单,但仍然具备复盘的两个重要维度,一是做事即流程的维度;另一个是做人,也就是个人和团队协作的维度。《复盘》提出重要的"事为重、人为先"的原则,只有先做好就事论事的讨论,不简单归咎于个人,才能后续挖掘出做人维度的改善。因为一旦让事实和观点掺杂在一起,让真相和情绪纠缠在一起,就会出现各种负面的问题:比如说避重就轻的推诿(主动隐藏事实),或者证明自己正确的辩论(摆事实为了证明自己正确,而不是为了与大家一起重构真相)。

在团体中复盘,需要每个人坦诚表达、集思广益。复盘需要大家畅所欲言,公开透明很重要,不能藏着掖着。所以复盘和很多其他讨论一样,需要有明确的议事规则,需要避免观点(而不是事实)搅乱了大家的讨论,需要避免权力(而不是分享内容的有效性)压制了更广泛的参与讨论。

集思广益就是在认知层面开放心态,需要避免两方面的典型问题:一是领导无所不知,而他所坚持的就是对的;二是普通员工人微言轻,他们理解的未必是对的。避免这两个问题更需要遵循好好开会的流程。鼓励每个人畅所欲言的前提首先要学会倾听,而倾听之后可以从重复他人的想法开始分享自己的思考。同时要鼓励大家提问题,明确质疑并不是不尊敬的表现,而是众人接受的观念。更好的提议永远存在,同行之间进行相互批评和讨论会带来更好的效果,对某项提议进行公共批评能够去其糟粕。

在很多人的印象中,失败后的复盘似乎比成功后的复盘更重要,而失败后的复盘就是为了挖掘失败的原因,避免再犯错。这些理解都是似是而非的。的确需要避免再犯错,但更重要的是梳理团队在决策过程中是否有一些体制和机制上的瑕疵。更重要的是,回归到第一性原理,通过复盘的剖析——剥丝剖茧——来找到是不是存在一些大家共有却不曾仔细思考的假设。

最后,复盘还需要寻求外部的反馈,突破两重局限,这样才能帮助团队获得真正的成长。

首先是经验的局限,每个人的经验都是有限的,团队同样如此。好的复盘要跳出自己经验的范畴,扩大学习的范围。突破经验的局限,向历史学习就是一个好办法。我们大多数人的成长经历都局限在过去40年的改革开放历程中,缺乏更长历史经验的跨度。在地缘关系变得日益重要的时间节点,配置超乎自己经验的历史案例就显得特别重要。

比如,新书《戴维营三天》*让我们领略了美国前总统尼克松在50多年前的一系列单边决策给全球金融秩序和全球地缘政治格局所带来的深远影响。它回到了52年前的"尼克松冲击"的重要历史现场,详细记述了二战之后所建立的布雷顿森林体系,即锚定黄金的以美元为主导的固定汇率体系,是如何在1971年8月由尼克松在

---

* [美]杰弗里·E.加藤:《戴维营三天》,潘雨晨、刘震、杨延龙、孙志强、董虹蔚、张宁宁译,中信出版集团·中译出版社2022年11月版。

戴维营的一个周末被推倒的。美国认为自己已经为全球金融体系、全球安全体系承受了过多的压力,为西欧和日本的经济复苏乃至蓬勃成长付出了过多的代价,需要全面调整,让西欧和日本承担更多安全和金融责任,推动西欧和日本乃至其他国家的市场更加开放。三天闭门决策的结果是单边霸权行为,赤裸裸地从美国利益出发,逼迫西欧和日本就范。但事后看来,这种单边倒逼的做法也的确推动整个体制从固定汇率向浮动汇率、从黄金锚定向法币信用支撑发展的全新全球金融格局转变,推动了国际金融体系打破路径依赖主动寻求变革。

其次要突破团体的迷思。一个团体协作时间久了,很容易产生在看问题和做事上同化的现象,思维模式也可能趋同,更可能因此形成共同的盲点,而自己却看不到。这就需要外部视角来审视。

这样的审视有两种。一种是局外人的视角。局外人对内部并不了解,才可能问出团队内不愿意问的问题,或者觉察到团队视而不见的缺漏。另一种则需要寻求高手的点评,一万小时定律强调的反馈是和高手过招,团体的复盘也是如此。

复盘也符合科学思维。罗韦利在《极简科学起源课》中强调,科学首先是一种质疑的态度,需要"站在前人肩膀上",但是吸收知识的同时也需要找出错误,研判假设,提出修正甚至新的想法。颠覆是科学的要义,尊重前人和传统并不意味着盲从和教条;不确定是科学的基础,但在一定时期内提出最优解是科学可以带来的确定性;没有放之四海皆准的真理——自然科学也是如此——只有不断在知识积累的基础上的新发现和新突破。归根结底,科学的核心是帮助我们更好地理解世界。

拥有科学精神的个体一起商讨未来构建了民主决策的基础,因为科学的精神也是民主的精神,可以总结为三点:大众的讨论强于一个人的权威;公开的讨论和批评才能筛选出更好方案;如果能坚持前两点——集思广益和自由讨论——就一定能通过提出论据来得出共同的结论。

拓展一个人的能力圈基于对自己能力的认知,对外部世界的理解,依赖学习与自省习惯的养成,也需要参与团体复盘时的共同进化,当然更离不开外部反馈的刺激和推动。在剧变的时代,拥有持续学习和自我管理的能力,才能更好地主动应变,不断成长。

思考和评论

从超级游艇到达沃斯人

超级游艇是一个私密的空间，一般就十几位贵客，近距离几天到一周的交往，让富豪、政客和明星可以亲密接触，而不用担心狗仔队的追踪，给人以放松和安全感。

美国总统奥巴马下台之后就曾登上媒体大亨戴维·格芬（David Geffen）的游艇，与好莱坞明星一起休假。会搭配的船主会营造一种私密的社交场所，让各路精英有机会勾兑。连续七次夺得F1车赛冠军的英国车手汉密尔顿——本身也是全世界最赚钱的体育明星——和好莱坞明星莱昂纳多·迪卡普里奥都是超级游艇的常客。其他的精英，虽然身家距离亿万富翁还很远，但如果能带来别人所没有的精彩，能凑成一桩好局，也在被邀请之列。如果是好莱坞的导演，可以分享一下明星的绯闻；如果是华尔街的投行人士，可以分享一两则投资的趋势。一起下海的经历，会变成相互之间添油加醋的逸闻，也会成为未来炫耀的资本。

超级游艇是超级富豪的终极玩具，一艘价值2.5亿欧元的游艇都很难算是顶级，一年也需要1 300万欧元的运营费用。超级游艇之所以为超级富豪所追捧，甚至每个人都如同石崇炫富一样夸耀自己的游艇比别人的更大,就是希望用稀缺性来吸引最顶级的人。而一旦你进入上层甲板中顶级人群的圈子——人们对此都趋之若鹜——这种"准入"(access)本身就意味着机会和钱。

超级游艇经济学其实不难理解:一年只要在游艇上达成一两笔大交易,就赚到了。用心的船主根据全球各地的假期来安排船期,招待各路旅客,穿针引线靠圈子和关系赚钱,如果悉心安排对方家人和孩子度过一个完美的假期,还有什么比这个更有助于撮合交易的?

私人超级游艇提供了一个具象的空间,清晰地区分出上层甲板和下层甲板的客人:上层甲板是被服务的人,享尽奢华;下层甲板是提供服务的人,毕恭毕敬。两者之间不仅财富多寡有别,等级上也有高下之分。这一空间如果被搬上银屏,可以呈现出贫富差距、阶层隔阂、认知差距、价值观冲突、戏剧冲突,各种冲突紧凑而密集。

保洁员的男宠与大厨的野望

电影《悲情三角》(*Triangle of Sadness*)就把剧情的场景放置在一艘游艇上,但显然,好莱坞导演的想象力还是滞后于现实中富豪比富的程度。对比《超级游艇船长》(*Superyacht Captain*)中所描述的生活,《悲情三角》船上的豪奢程度要差一大截,旅客也不是巨贾名流,除了赚到一桶金却仍然土里吧唧的俄国富豪、有钱的富孀之外,也有由别人支付了船费来旅拍的当红模特。尽管小儿科一点,但这样的场景,仍然是展现上下甲板冲突最好的舞台。

在超级游艇上服务的人也分成三六九等。《悲情三角》里嗜酒的船长是其中的上层,会主持船长晚宴来款待贵宾;被打了鸡血的船员是中层,他们大多数都被金钱激励,希望旅游旺季打工多挣些钱。电影中大副带领一帮船员高喊挣钱的口号,很像每天早晨区段长带领快递员在街角一起做开工前的晨操;在船上负责打扫卫生的东南亚人,则属于底层看不见的人。

《悲情三角》作为一部荒诞喜剧(tragicomedy),其最夸张却又最发人深省的一幕发生在最后。海盗袭击、遭遇船难,幸存者需要荒岛求生的时候,突然发现,懂得如何在荒岛捕鱼的人竟然是最下层打扫厕所的东南亚保洁员。几乎转瞬之间,下层甲板的底层看不见的人完成了逆袭,仿佛回到了渔猎时代的母系社会,不仅占据了荒岛上唯一私密空间———一艘小艇里可以安睡的船舱——而且本能地行使自己的权力,诱使年轻的男模抛弃自己的女友,出卖色相,成为自己的男宠,以换取更丰富的食物和安睡的空间。

这种赤裸裸的反转,提出了三个重要的议题。

第一,底层看不见的人也有机会刷他们的存在感。财富和阶层并不是才能高下的唯一标签,换一个场景,底层人适应环境求生的能力是全球精英所根本不具备的。换句话说,以财富和阶层把人分成三六九等本身就是虚妄,没有谁比谁更高贵。

第二,追求财富、追求安逸、追求奢华,并为此放弃尊严的人大有人在。男模傍着更能赚钱的模特女友登上游艇的豪华之旅,一开始就是对富豪生活的虚荣所驱使,一般人看来似乎没有什么不妥。男模傍上野外生存能力超群的女保洁员,享受荒岛上安睡温饱的生活,却让观者难受。到底是谁病了?

第三,权力的异化是人类的本能。如果说保洁员的逆袭反映的是底层人的本能,在私人游艇的空间里,被服务的与提供服务者之间交流最暧昧的角色莫过于船长。船长按照法律是游艇上的主人,在海上需要肩负客人和船员的安全,但从所有权上,富豪才是真正的主人。只有在危险出现的时候,船长才有机会行使他的权威,除此之外,他"仅止"是听从船主安排行程的掌舵人而已。

这种法律上的负责人与财产权上的主人之间的张力,我们可以从另一部美剧、描述太空航行的《第五大道》(*Avenue 5*)中看到。太空船"第五大道"的船长看起来是一个威严的角色,符合"貌似"(look alike)的角色——就好像我们会说这个当官的长了一张国字脸——为了增加他的权威,甚至要求他开口就是一嘴的伦敦腔。但实际上无论是船长还是船员都是受雇的演员,在乘客前表演他们娴熟的驾驶技巧,而真正负责驾驶的人藏在幕后。

当然,船长也有他自己的领地。在船主不在船上的时候,他可以私下里带自己的朋友,或者朋友的朋友,参观一下超级游艇。要知道,虽然名为游艇,但实际上富豪所拥有的超级游艇堪比驱逐舰,经常是万吨级的巨轮。船长带领客人参观游艇也成为一种礼遇,就好像酒酣耳热之际,请出顶级餐厅的大厨来,与客人们共进一杯,问一下菜色可好一样。对于雄心勃勃的船长和有抱负的大厨而言,这一方面是展示自己专业性的场景,另一方面也是与富豪阶层相从过密的机会,或许可以找到下一个金主爸爸,下一个餐厅的投资人。上下甲板之间如果说有交结,也就在此了。

这里就不得不提与《悲情三角》异曲同工的另一部电影《菜单》(Menu)。如果说《悲情三角》中讲述的是底层的逆袭,《菜单》则多了一些暧昧,作为够得上富豪生活的顶级餐厅的大厨,还有啥无法满足的? 是不被尊重,还是受不了富豪的虚伪,抑或是抱负难以伸张,还是对自己本质上下层甲板的身份不服输?

顶级厨师在位阶上高于船员和一般服务人员,他会定义自己是三个圈子的交集:一方面他是艺术家,在顶级餐厅提供有创意的食物和餐饮体验,创造一种转瞬即逝的美;另一方面他又是创业者,吸引投资人的投资,将餐厅视为自己的终身事业,希望以此扬名立万;第三方面他还有机会跟各路名流相从过密,名流会成为他的老主顾,可能为他传播口碑,相互之间都可以勾兑"名人录",推动名气螺旋上升。

电影《菜单》里就设计了这样一个精美绝伦的场景,一群贵宾被请到海岛上私密无比的顶级餐厅,享受一场顶级厨师精心设计的晚餐。贵宾中有赚了大钱的投资者,有带着情妇的好莱坞明星,也有貌合神离的富豪夫妇,当然还有两位来路不明的年轻人,其中一位就是安雅·泰勒-乔伊(因为《女王的棋局》而大火)饰演的年轻女性玛戈(Maggot)。意想不到的是,原本是体验感官盛宴的晚宴变成了一场杀戮之旅,拉尔夫·费因斯(因《辛德勒名单》和《英国病人》而出名)饰演的顶级厨师把自己对富豪的仇恨一股脑地宣泄了出来。

影片中的一幕是大厨与玛戈的一场对话,他看得出玛戈只是某个角色的扮演者,并不属于他所痛恨的富豪阶层,而是和他一样提供服务的人。大厨让玛戈选边,到底是享受服务的人上人,还是提供服务的普通人。

冲突其实在第二道菜就已经开始了,大厨呈现的是一盘"空城计",用精美的描述替代真实的面包,让富豪们脑补面包的味觉。天使投资人的合伙人耐不住性子,问厨师要面包填饱肚子,很显然他难以理解厨师的匠心。被拒绝之后,这位合伙人大声叫嚷:"你知道我是谁吧!"潜台词是谁是老板,你得拎清楚,我动动小指头,就能让你的餐厅关张。

达沃斯"真人秀"

如果说私人游艇或者顶级餐厅是富豪的私密场域,一年一度的达沃斯则是富豪政客对外作秀的宏大舞台,因为新冠疫情而沉寂了三年之久的达沃斯论坛在 2023 年 1 月 16 日再次线下举行。

《达沃斯人》(*Davos Men*)* 一书对参加达沃斯论坛的全球显贵

---

* Peter S. Goodman, *Davos Man*: *How the Billionaires Devoured the World*, Custom House, 2022.2.

作出了辛辣批评。"达沃斯人"指代全球精英阶层,达沃斯论坛是他们设置议程、讨论全球议题的场域,《达沃斯人》质疑论坛表面光鲜之下掩藏着许多不可告人的黑箱操作,就好像现在很流行的一个词"green-washing"(染绿),即在舞台上高谈阔论与绿色环保相关的议题,把自己装点成可持续发展的支持者,但却对真正推动减排的核心问题避而不谈。

和此前镀金时代强盗贵族(robber baron)的颐指气使不同,达沃斯名流更希望以改变世界的聪明人面目招摇过市,大资本家则希望把自己装扮成为思想家、慈善家、社会改革活动家。达沃斯的创始人施瓦布博士最睿智的一面,就是他很清楚世界经济论坛(达沃斯的正式名称)与全世界其他商业会议的最大区别。在台面上所谈论的不再是如何管理、如何赚钱,而是搭建一个让富人去展示其慈善、思考、睿智、关注全球议题的舞台。

当然,真正懂行的人会告诉你,达沃斯上演的秀是展示给外人、普通人看的,重要的勾兑都发生在私密的会晤中。作为名流的舞台,达沃斯提供了高层政商交流的私密舞台。法国总统马克龙就是达沃斯的常客。银行家出身的他上台之后主推的一项重要政策就是帮富人减税,减少财产税,又推动法国的养老金改革,进而给了黑石这样的全球大资产管理公司巨大的赚钱机会。和马克龙一样,黑石老板苏世民也是达沃斯的老面孔。

"达沃斯人"最主要的信仰有二。首先是去监管,逐步降低企业的税赋,推崇小政府。在富豪的心目中,政府是最无效的,钱留在有钱人手中,使用效率更高。富豪之所以在达沃斯的平台上特别乐意推广解决复杂社会问题的"私人方案",就是因为他一方面可以彰显慈善的一面,另一方面也符合呼吁全球减少税负的动机。

其次,崇尚高谈阔论并不能解决任何复杂的问题,甚至舞台上所提出的解决方案很多时候听起来很美,却不会触动核心矛盾。高谈阔论是表象,名流之间的私下交易是内里,而表里不合是达沃斯名流最重要的特征。

在《赢家通吃》(*Winners Take All*)*这本书中,观察家格力哈达拉斯(Anand Giridharadas)对达沃斯舞台上富豪精英的剧目给予了更透彻的揭露。

首先,精英对全球变暖或非洲贫困问题等全球议题的关注、对这些问题的捐款,为精英赢得了道德上的制高点,赢得了社会的尊重,这样就隐蔽了精英在影响体制和规则时的利己作为。

其次,达沃斯表面上是精英为自己贴金的平台,内里是精英交易的平台。贴金,就是在自己本来面目之外贴上一层热爱公益的身份;交易,恰恰因为有新的身份作为外衣,比赤裸裸去谈有关规则与体制的交易要容易得多。

当然,这样的舞台也是一个共生致富的舞台。大企业希望自己能与有时代影响力的大想法、大创见产生关联,富豪希望在舞台上交际出下一个赚钱的机会,思想领袖则希望借助这一舞台推销自己

---

* Anand Giridharadas, *Winners Take All*: *The Elite Charade of Changing the World*, Vintage, 2019.10.

的想法,在与企业家、金融家等金权名流觥筹交错之际,获得精英的加持。

很值得一提的是,在达沃斯舞台上还活跃着一群思想领袖,一群小骂大帮忙的"帮闲文人",像极了超级游艇的船长或者顶级餐厅的大厨。

在这群思想领袖的话语体系中,有三点特别值得注意。

首先,他们鼓吹双赢思维,而不是零和思维,所以在分析全球问题时,他们不去盯着谁是肇事者,而是把热切的目光关注到受害者身上。比如同样是贫富不均加大的问题,如果把议题定义为贫困问题,如何帮助更多人脱贫,就可能赢得大量赞许,甚至让很多富人慷慨解囊。如果将议题定义为不平等的问题,还要追根溯源去找到不平等的根源,挖掘那不义的第一桶金,批评资本的代际传承,就会被许多人不待见,就再也没有被邀请演讲的机会了。

其次,专注于个案而不去关注系统问题。讨论任何议题的时候,他们都倾向聚焦具体问题。列举一个形象的比喻:面临一道高墙,他们并不去讨论是否应该一劳永逸地拆除高墙,而是专注于教会老百姓如何使用梯子。

最后,一小时能讲清楚的"胶囊方案"最受欢迎。想要得到主流/体制的追捧,就需要卸下批评的棱角,专注于小问题,而不是大议题,让个案和体系脱钩,这样你就可能大红大紫,你的想法也会被广为传播。

为什么会有下层甲板的逆袭

穿插在这些影视作品与书背后的是关于圈层与舞台、流动与缺乏流动的讨论，主线是上层甲板和下层甲板的区别，或者说有钱人和为有钱人提供服务的人之间的矛盾。表面上一派欣欣向荣，各安其位，内底里却是暗潮汹涌，只等着改变的机会到来。剧情所展现的逆袭，是机缘巧合之下下层甲板对上层豪奢表达不满。他们用各种方式来反叛，有充满智慧的欺诈，有布局精巧的陷阱，当然也有权力场转变之后的反转。

为什么下层甲板会选择逆袭？分享三点思考。

第一，我们要问两个问题：如果舞台上没有配角会怎样？如果舞台上的配角想要喧宾夺主又会怎样？享受的客人需要提供服务的人，服务员也不能仅仅只靠金钱激励，留下某种阶层跃升的可能性，哪怕是梦，也有助于和谐。逆袭是因为梦的空间被一再压制么？

第二，新富是不是缺乏基本的礼节和规则？有意思的是，提供服务的人古已有之，英国就是盛产管家的地方。英式管家是需要与贵族或者绅士对应的。换句话说，他们在互动过程中要遵循一定沿袭的礼貌和规则。无论是私人游艇还是达沃斯，在很大程度上都是新贵和新富的舞台。在剧变的时代，我们或许见证了太多一夜暴富的故事。新富信心爆棚的同时，或许缺乏教养，缺乏礼貌和规则的熏陶。下层甲板同样努力和专业的大厨,在被藐视的时候,当他们感受不到自己的工作得到足够的尊重和理解的时候,是不是会有一种"鲜花插在牛粪"上的恶心?

第三,阶层流动的代价是什么?超级游艇上的船员如果想要脱颖而出,需要揣摩船长的想法和喜好,也需要在合适的场合扮演好花瓶的角色;顶级餐厅的大厨更是装点豪奢生活中不可或缺的一部分,他们参与制造稀缺而沉醉的氛围;活跃在达沃斯舞台上的思想领袖其实也是那些装扮者的帮衬,需要迎合和顺应。思想领袖是距离权力和金钱最近的人,但成全他们最好的姿势,莫过于"sellout"(出卖原则)。只是这种"出卖原则"如果遭遇到幻灭,或者迷失自我,又会如何?逆袭难道不是因为迷失自我而醒悟后的果敢么?

《菜单》的最后一幕是大厨为玛戈做芝士汉堡,把所有人都拉回了到了普通人的真实。做好一个美式芝士汉堡,是西式厨子的基本功,也是不分阶层的大众餐点。与万千点缀的美食相比,芝士汉堡回归了本源,为了填饱肚子,不再搞什么虚妄的、缥缈的、体验式的……那才是真实。

诺兰与奥本海默

诺兰的最新大作《奥本海默》是一部野心勃勃的传记片,在 3 小时里试图演绎"原子弹之父"奥本海默的生涯故事。全片的高潮是 1945 年 7 月全世界第一颗核弹在新墨西哥州沙漠里试射成功给曼哈顿计划所有参与者带来的震撼。诺兰精准地调用了画面和声音语言,带给了观众清晰的印象:原子弹不只是一种新型武器,它是人类与宇宙关系的一场剧变,它可能会成为吞噬地球的科学怪兽,也可能会成为确保世界和平的全新工具。

诺兰的电影编剧依从的《奥本海默传:美国"原子弹之父"的胜利与悲剧》*(原作书名是《美国普罗米修斯:奥本海默的胜利和悲剧》)这本书是 25 年磨一剑而成的作品,用普罗米修斯盗火的经验来比喻奥本海默的人生经历,无比贴切。作为美国研制原子弹的曼哈顿计划的负责人,奥本海默从一开始就抱有科学家的天真,认为"把能控制世界的最强大的力量交给人类,并依据它的潜力和价值而善用之,这也应该是件好事"。但盗火者的悲剧在于,一旦超人的

---

* [美]凯·伯德、马丁·J.舍温:《奥本海默传:美国"原子弹之父"的胜利与悲剧》,汪冰译,中信出版集团 2023 年 8 月版。

力量被发现,就不可能再仅由发现者来掌控。大国博弈、军备竞赛、地球毁灭的危机纷至沓来,也注定了奥本海默悲剧的宿命,物理学家"超人的战袍"(《生活》杂志语)尚未穿暖,麦卡锡主义的政治迫害、莫须有罪名已经扣上头来,让他成为现代核科学家悲剧的象征。

麦卡锡主义加诸奥本海默的猎巫行动成为诺兰在电影中用力过猛的第二主线,有点冲淡了原子弹爆炸的冲击力,也将复杂如奥本海默的生涯简化成了鸡蛋里挑骨头的猎巫者与朴素爱国的科学家之间的正邪斗争。

或许,将700多页厚的《奥本海默传》改编成电影原本就是不可能完成的任务,想要还原这位经历和性情如此复杂的人物,展示量子物理学领域和参与曼哈顿计划(两者紧密相连)众多科学家的故事——奥本海默是他们的核心连接者——并诠释原子弹爆炸引发的反思,原本就不是一部电影可以容纳下的。如果想要全盘呈现,其实应该拍成三部曲:年轻的奥本海默,从欧洲将量子力学带入美国的理论物理学家;因为曼哈顿计划而闻名全美的奥本海默,原子弹之父,300年物理学之集大成者;将世界带入核武世界,有可能因为军备竞赛而让地球毁灭,为此而陷入深思和努力参与控核的奥本海默。

当然,电影与原著还是构成了巧妙的互文。如果说电影带来的是诺兰和一票著名演员对奥本海默经历的浓缩演绎,原著则为我们更详尽地展示了那个量子物理学耀眼到令人瞬时目盲的时代。

洛斯阿拉莫斯——创业小镇

奥本海默选择新墨西哥州的洛斯阿拉莫斯这一片沙漠上的台地作为曼哈顿计划的地址有自己的私心。新墨西哥沙漠深处渺无人烟的地理环境符合秘密武器研发的要求,也提供了隐秘的试验场。但为什么是洛斯阿拉莫斯,因为这里是奥本海默年轻时夏天常去的度假地,他自己很喜欢骑着马在这片荒原野营露宿。选择这里,正好把他对物理学的热情与新墨西哥州沙漠高地的迷恋结合了起来。而这种选择与当下流行的许多高科技创业故事非常契合:一个充满热情和想法的创始人聚集了一群超群的研究者开创出一段伟大的传奇。

曼哈顿计划聚拢了一个年轻的团队,在平地而起的小镇上,几乎没有人超过 50 岁,平均年龄只有 25 岁。如果说奥本海默是 01 号员工,其他人也有各自的编号,确确实实的编号。因为保密的原因,每个人驾照上只有编号,没有姓名。

虽然军方希望洛斯阿拉莫斯成为一个严格管理的军营,但奥斯海默很清楚,要把理论物理学加数学推导出来的撞裂原子产生巨大能量的构想变成现实,制成一颗可以在实战中使用的武器,需要多元背景的科学家和工程师跨学科通力合作,需要对各种各样的跨学科问题提出切实可行的解决方案,而这种通力合作需要营造一种自由探讨的氛围。虽然军方总是希望通过人为的信息分割来防止大多数科学家了解科研的全貌,减少信息泄露的风险,奥斯海默却努力说服了军方,允许所有戴"白色徽章"的科学家自由地讨论他们的想法和问题。因为他很清楚,如果每位科学家只了解自己需要了解的信息,而缺乏清晰的全局认知,缺乏相互之间的思想碰撞,曼哈顿计划是很难在短期内取得突破的。

在电影中,基里安·墨菲饰演的奥本海默与马特·达蒙饰演的格洛夫斯将军有不少出彩的对手戏。格洛夫斯是曼哈顿计划的军方负责人,工程师出身的他最欣赏奥本海默的地方就是他对跨学科协同的理解。两者的关系也很像创业者与投资人的关系,美国政府最终在曼哈顿计划中投入了20亿美元(换算成现在的美元是一笔天文数字的巨额投资),参与项目的人数也从初期的几十人一度扩张到几千人——几百名科学家和他们的家属搬来,再加上两千多名军人。小镇的生育率也因此特别高,"第一年出生了80个孩子,第二年则是以每月10个孩子的速度增加",诺兰把这句书中的数据编成了格洛夫斯将军嘴里的台词。奥本海默的小女儿也在这里出生。

高科技创业企业成功的核心要素是如何吸引、管理和激励聪明的头脑,奥本海默显然是无师自通。他的存在给予了一群顶尖科学家以凝聚力和归属感,每次项目取得新突破时,他都在现场。有一位科学家评价说,没有奥本海默,曼哈顿计划或许也能获得成功,但每个人承受的压力肯定更大,也一定不会有那么高涨的热情和那么快的速度。

除了在现场参与每一场重要的科研讨论,每每能够在讨论结束的时候作出精当的总结,帮助科学家们找到突破的路径,奥本海默还是小镇的市长和警长。他创建了一个镇议会,让科学家们可以充分践行自治和民主,讨论生活相关的各种议题。

这种自治当然不会局限在生活领域。随着原子弹的研发与二战的进程赛跑——第一次沙漠里的原子弹爆炸在 1949 年 7 月取得成功,当时希特勒已经自杀,而德国已经投降——科学家们讨论的焦点开始转向原子弹作为一种武器在战争中使用的伦理问题,并进而开始思索一旦原子弹被使用,会给未来的战争和全球政治带来哪些深远的影响。

这种关乎伦理和政治的讨论从非正式的聚会开始,题目涉及"这个可怕的武器会给这个世界带来什么","我们是在做好事还是坏事","我们是否应该担心它将被如何使用"。原子弹爆炸成功后,聚会发展成由 40 多名科学家参与的正式会议,题目也变成了"世界政治中的原子弹"。在美国决定 8 月初向日本使用原子弹之前,有 155 名参与曼哈顿计划的科学家在请愿书上签名,敦促杜鲁门总统在没有公开声明投降条件的情况下,不要对日本使用原子武器。

类似的讨论,在美国高科技企业中一直存在,比如今年关于 AGI(通用人工智能)伦理的讨论,聚焦于需要在 GPT 的使用上添加什么样的安全围栏;又比如在上一轮 AI 热潮期间关于 AI 用于未来武器中的激烈讨论。

这一点凸显了科学家作为一个群体的特质。奥本海默很清楚，科学家加入曼哈顿计划是为了科学研究，不是为了挣钱，他给所有人开出的薪酬都比照他们在加入项目之前的薪水。但这种为了科学研究的使命感也让他们有一种为自己创建的技术负责任的态度。奥本海默虽然没有直接参与科学家们的请愿，但当他清晰认识到原子弹在实战中的巨大杀伤力之后，他也清楚地认识到，限制核武、防止军备竞赛、避免地球因为核武器而毁灭，是自己的责任，因为自己是那个盗火的普罗米修斯。

"德国人"战胜德国人

奥本海默是在量子力学在欧洲完成迭代之后进入历史舞台的。他 20 世纪 20 年代在欧洲的求学经历，恰恰证明当时的欧洲——更确切地说是德国——仍然是科学研究的中心，而他则是那个中心的朝圣者。他最大的功绩是把量子力学的最新研究带回美国，在伯克利和加州理工开宗立派，为美国人有机会在核能领域与德国人一争高下埋下伏笔。

本质上讲，曼哈顿计划是一场"德国人"与德国人的竞争（甚至可以说犹太人与犹太人的竞争），是像奥本海默这样的第一代土生德国移民和一大批流亡美国的德裔或者讲德语的犹太科学家，对阵德国本土的物理学家。

德国在 20 世纪 30 年代之前一直是全球最重要的科学研究中心，犹太科学家在物理和数学领域扮演了重要角色。1933 年希特勒上台之后，学术系统内开始排斥犹太人，因为教授属于公务员，一旦大规模解聘，这些人就必须自谋出路，出于自身安全和未来发展的考虑，大多数人选择移民美国。二战之后有研究人员统计，因为排犹导致的人才损失，德国直到 20 世纪 80 年代才逐渐恢复过来。

奥本海默的挚友物理学家拉比就曾经这么评价自己的对手："那群德国科学家都有谁，那些人我们其实都认识。我们最终的结论是，他们可能与我们不相上下，或者领先一些。"值得八卦的是，领衔担纲德国核武项目的是德国诺奖物理学家海森伯（在电影中由经常饰演德军反派的马提亚斯·施维赫夫客串），奥本海默曾经与他在海德堡大学相识，也一起追求过同一个女孩。这个女孩曾短暂旅居纽约，受到了奥本海默的殷勤款待，但最终还是选择回德国嫁给海森伯。诺兰的这部影片最大的槽点可能就是对奥本海默复杂男女关系的处理。

核武计划是烧钱项目。与希特勒对物理学家始终无法信任相比，奥本海默获得了美国政府的全力支持。影片中有一幕是刚刚从丹麦被偷运出国的著名量子物理学家波尔来到了洛斯阿拉莫斯，分享了他最近一次与海森伯的对话。当知道海森伯的研究方向是反应堆时，奥本海默不禁额手称庆，他知道海森伯的研究方向错了，这意味着曼哈顿计划的胜算更大。

1943 年奥本海默就邀请著名的数学家冯·诺伊曼到洛斯阿拉

莫斯(很可惜诺兰的电影中没有给冯·诺伊曼一次露脸的机会)。冯·诺伊曼是流亡美国匈牙利犹太科学家,成长在奥匈帝国,讲德语。奥本海默向冯·诺伊曼请教原子弹的内爆设计是否可行。冯·诺伊曼经过计算认为至少从理论上说是可行的,增加了奥本海默的信心。

参加曼哈顿计划的有一群来自布达佩斯的犹太科学家。这些操着口音的外乡人在美国人看来,就好像是一群来自火星的异类,也被戏称为火星人,仿佛他们是来自外星给地球人带来智慧。这群匈牙利科学家却并不认为自己有多了不起,谈起各自的不同,他们最夸耀的还是冯·诺伊曼,认为他才是其中的翘楚。

与冯·诺伊曼这样的数学天才,或者曼哈顿计划中众多诺奖物理学家相比,奥本海默是更年轻一代的学人,为什么会被选择成为负责人?

的确,当时很多人都会担心一个没有获诺奖的相对年轻的科学家如何能够吸引和驾驭一群诺奖得主一起工作。但奥本海默有自己的特长。他擅长将复杂的科学概念用简单的、常人能够理解的语言表述出来,所以他是那种特别有跨度的科学家,理解物理学全方位的发展。他的跨度让他能够将更多科学家联络起来,成为曼哈顿计划的坚实后盾。

在实践中,奥本海默也表现出惊人的管理者天赋,将项目管理得条理分明,能够抓住问题的核心,善于做人的工作,也能够凝聚科学家的信心。同时他又获得了 DAPRA 创始人、著有《科学:无尽的前沿》的万尼瓦尔·布什等人的支持,可以与华盛顿的核心政治圈建立比较稳固的联系。换句话说,经历了曼哈顿计划,奥本海默展示出一种政治家的能力。原子弹爆炸成功后,他成为家喻户晓的人,登上《时代》封面,被誉为"原子弹之父"。他即兴演讲的才能更让他瞩目夺人。

如果诺兰现象可以持续

诺兰有一批忠实的粉丝。随着他电影题材的不断切换,也会引发观众对全新领域研究的热潮。《星际穿越》激发了大众对光速旅行和虫洞等宇宙科学与科幻题材的热情;《信条》则更是颠覆了我们对传统时间线的认知。

《奥本海默》会延续这样的诺兰现象吗?如果诺兰现象持续,作为一部科学历史题材复杂人物的传记片或许可以开启两大领域的深入讨论:一是量子计算背后的量子力学发展史;二是从历史、伦理和权力的视角深入探讨原子弹所引爆的科学与政治之间激烈的讨论。

要真正读懂《奥本海默传》,看懂电影《奥本海默》,还真得对 20世纪初全球科学的发展以及具体到量子力学这一单个领域的发展下一番功夫。

20世纪初,物理学在短短两代人的时间内就从宏观和微观两个领域彻底颠覆了牛顿力学构建的世界。爱因斯坦的相对论彻底改变了我们对宇宙的认知。比他更年轻的一代北欧和德国学人则构建了量子力学,重塑了我们对微观世界的理解。物理学家费曼说:"以常识来看,量子力学对自然的描述简直荒谬。但是它与实验结果完全吻合。所以我希望你能接受大自然的本来面目,她就是荒谬的。"

爱因斯坦一直没能充分理解量子力学。他坚持认为:"我无论如何都确信,上帝不会掷骰子。"新一代学人波尔却回应说:"不要告诉上帝怎么做。"物理学发展的诡异之处恰恰在这里:后来者永远会颠覆前人,即使这位前人在几年前还是一位"叛逆先锋"。

诺兰的电影中有太多影星客串物理学大师,不少人只有一两个镜头。要清楚他们到底扮演谁,还真得下苦功。

要全面理解原子弹爆炸开启的核时代的一系列问题,需要对奥本海默和他所处的时代做深入的挖掘。看完诺兰的《奥本海默》,相信大多数人都会对原子弹爆炸的威力,以及其对人类的潜在威胁充满敬畏。拉比的评价毫不留情,认为曼哈顿计划"使一种大规模杀伤性武器成为 300 年来物理学的顶峰"。

美军在广岛和长崎投下两颗原子弹之后,奥本海默开始了对原子能更深远的思考。他一方面为平民的大量伤亡而内疚,另一方面也为自己没有能够阻止大规模杀伤性武器的使用而后悔。他更担心世界陷入全新的军备竞赛,因为苏联看到原子弹的威力之后会不惜一切代价追上,而苏联也绝对不缺乏优秀的物理学家。

电影中重现了奥本海默觐见美国总统杜鲁门的一幕。当他结结巴巴讲出"我担心自己的双手沾满鲜血"时,杜鲁门大倒胃口地从胸前的口袋里抽出手帕,寓意是帮你擦手,我手上的血比你多,轮不到你操心。

理解奥本海默的复杂,就要理解他作为科学家和潜在政治家的双重角色。换句话说,奥本海默有野心的一面,曼哈顿计划能够调动如此众多人力和资源来完成伟大的项目让他尝到了权力的滋味。显然,他希望利用自己上《时代》封面,成为全美名人的效应,推动大众对原子能的认知科普,推动全球范围内对原子能发展的监管,避免核武器的军备竞赛。但他忽略了政治肮脏的一面,表面上名人的光环让他可以与权势人物交杯换盏,但幕后他要面对的却是政客背后捅刀子、利用明规则和潜规则等各种方式下绊子,甚至深陷阴谋论的泥潭,对此他显然毫无经验也不知道如何准备。

另一位著名物理学家弗里曼·戴森这么评价奥本海默的野心:"参与制造灭绝种族的武器是浮士德式的交易,后来他还像浮士德一样,想与魔鬼讨价还价,结果自取灭亡。"

奥本海默人生最后的岁月在普林斯顿高等研究院度过。院长的角色与曼哈顿计划时的叱咤风云不能比,与他野心中的平台也一定有很大的差距,但这并不妨碍他去营造一个把科学世界与人文世界结合起来的"学术旅店",供短暂驻足的思想者休息、恢复和养精蓄锐,以便他们休憩之后继续上路。

在这里,他还可以跟爱因斯坦一起漫步。1950 年,爱因斯坦在

71 岁生日的晚上对奥本海默说:"一旦人们受命做某件明智之事,之后的人生对他而言就异乎寻常。"《时代》评价爱因斯坦是一座里程碑,而不是灯塔。作为传主的奥本海默和作为影片的《奥本海默》何尝不是一座里程碑。

《老友记》钱德勒扮演者的人生三幕剧

2023 年 10 月 28 日,著名美国情景喜剧《老友记》(*Friends*)里钱德勒的扮演者马修·派瑞(Matthew Perry)意外去世,享年 54 岁,引发一代人的纪念和惋惜。

《老友记》可谓一代神剧,是为数不多从导演到编剧再到制片人从一开始就看好的美剧,靓男俊女、"纽漂"的都市生活、友情与爱情交织在一起的感情纠葛,当然还有无处不在的搞笑场景——钱德勒可谓贯穿全场的笑话制造者——营造出无法抵挡的青春片段和记忆。此剧也让六位"老友"一夜成名。尽管他们的人生轨迹在 2004 年《老友记》谢幕之后各有不同,但派瑞的早逝依然令人唏嘘。

2022 年,派瑞出版了自传《朋友、情人以及那又大又讨厌的东西》(*Friends, Lovers, and the Big Terrible Thing*) *,对困扰自己生活 30 年的酗酒和阿片类药物上瘾问题直言不讳。自传的标题中"又大又讨厌的东西"指的就是上瘾,尤指他在 2019 年一次阿片类毒品过量后与死神擦肩而过的经历:14 天的昏迷,长达半年的康复,

---

* Matthew Perry, *Friends, Lovers and the Big Terrible Thing*, Flatiron Books, 2022.11.

持续的上瘾,总而言之生活一团糟。他在自传中有一段这么说:下面的文字几乎是"传记"(Biography),而不是自传(Memoir)了。两者的区别,除了是否为传主自己写作之外,另一个区别则是在出版时,前者传主已经死了,后者还活着。颇有一语成谶的味道。

从在《老友记》被定格成钱德勒,到自传中屡败屡战的瘾君子,还有那不时跃出纸面的青葱岁月,构成了这位曾经红得发紫的明星的人生三幕剧。

第一幕:爱情,或者说,总也无法"结成正果"的爱情

在《老友记》里,钱德勒从一个朋友中的开心果变成了人见人爱的好男人,找到真爱,也领养了自己的孩子。现实生活中的派瑞则是孑然一身,没有结婚也没有孩子,空守着大宅子。读派瑞的自传,能感受到他难以释怀的压抑和愤懑,与老友记中钱德勒的生活几乎完全相背。只有当他回忆起曾经的爱情时,才有青春的活力。

1995 年,就在《老友记》开播了一年大红大紫之后,派瑞开启了一段感情,是影星与影星的爱情,更确切的说是小电视影星与大银幕影星之间的爱情。茱莉亚·罗伯茨被邀请在《老友记》第二季中客串角色,她只有一个要求,要与钱德勒演对手戏。

派瑞受宠若惊,该如何表达这种复杂的情愫?据说《老友记》的

那帮写手都帮了忙。在情景喜剧中,一个十几个人组成的编剧团是非常重要的组成部分,他们写段子,与主演不断磨合,在彩排的时候还会不断更新内容和包袱。罗伯茨向钱德勒抛出绣球,怎么接,当然也需要群策群力。

最终,派瑞送出了三打红玫瑰和一张卡,上面写道:"比你能客串《老友记》更令人兴奋的一件事,就是我终于有理由给你送花了。"多巧妙!

罗伯茨当时在欧洲拍戏,派瑞就与她开启了一场爱情传真长跑。当时是 1995 年,互联网刚刚兴起,电子邮件远不普及,派瑞与罗伯茨从未谋面,打电话显得唐突,文字表达起来要委婉也耐读得多。

派瑞在自传里将这段感情写得特别有画面感:一个经常在外面玩到深夜的人跟变了一个人一样,常常不到十点钟就跑回家,为的就是守在传真机前面。当传真机闪烁起来,吱吱呀呀吐出一段文字的时候,他就会欣喜若狂,常常捧着传真读上四五遍。

年轻人的爱情就是如此缠绵。从 1995 年到 1996 年,罗伯茨成为派瑞的女友,两人一起在墨西哥度过新年,罗伯茨一月初拍了在《老友记》里客串的剧集,银幕上与钱德勒擦出的火花惊人。

2001 年,罗伯茨因为《永不妥协》被提名奥斯卡最佳女主角,星光灿烂,派瑞却在戒毒所里黯然打开电视,看奥斯卡的直播。那一年罗伯茨获得了奥斯卡最佳女主角,派瑞看着屏幕上的前女友,跟身边的人说,"我会把你争取回来的",彻夜未眠。

罗伯茨只是派瑞人生错过的许多之一。他无法坚持长久的爱情,因为他有酗酒的毛病,还很早就成为阿片类药物上瘾的受害者,可以说他人生一半以上的时间都被浪费在了戒除上瘾屡败屡战的痛苦之中。

第二幕:上瘾

很多人是在治疗普通疾病,比如工伤后的疼痛,遵医嘱服用了阿片类止痛药,然后逐渐上瘾的。派瑞也是如此。1996 年在一次电影拍摄的间歇,他在湖上开摩托艇出事故,脖子扭伤,医生给他开了几片阿片类止痛药。从此,他的生活一去不复返。

阿片类药物上瘾问题已经成为全美最聚焦的社会问题之一,大量书籍、电视剧和电影做了深入的探讨。其中最重要的一本是《疼痛帝国》(*Empire of Pain*)*,把奥施康定(OxyContin)这一阿片类药物背后的制造商普渡制药如何为了牟利而不择手段描述得入木三分。

什么是阿片类药物? 简单说就是含有鸦片的用于止痛的药物,比如吗啡。通常只会给非常疼痛的人止痛使用,如癌症晚期患者。普渡的做法很简单,把一份专业期刊的读者来信包装成正规的医学

---

* Patrick Radden Keefe, *Empire of Pain*:*The Secret History of the Sackler Dynasty*, Bond Street Books, 2021.4.

研究。在信中,一位专家说自己在医院里调研发现,给晚期癌症患者服用阿片类止痛剂的上瘾比例很低。普渡用以广为宣传阿片类止痛药不会上瘾,并获得 FDA 的批准,推荐在更多场景中作为普通处方止痛药使用。之后普渡制药就雇用大量医药代表向全美各种医生推销,组织"疼痛研讨会",把疼痛作为一种病来医治,结果销量暴增。

派瑞记得第一次吃阿片类药品的感受:"服下药,我身体里的某种东西被唤醒,从此以后我一辈子都在追寻这种东西。"从一颗药、两颗药、五颗药、十颗药到一天 55 片药,很快派瑞对阿片类药物的上瘾就难以控制。找药成了他的全职工作,一开始还可以从多位医生那里开到处方,后来就只能从街头毒贩手里去买了。

按照派瑞的说法,上瘾就好像是一个小丑,它只想整个世界变得一团糟。派瑞的世界真得被搅动得一团糟。在拍摄《老友记》的 10 年里,他的体重最轻时 128 磅,最重时 225 磅。身体消瘦,因为阿片类药物上瘾;体重飙升,因为酗酒过度。

派瑞一生有 60 多次戒毒的经历。即使在拍《老友记》的 10 年里,他也是几进几出戒毒所。他坦言,自己根本不记得第四季到第六季《老友记》都拍了啥,整个 10 年,只有第九季他是完全清醒戒毒戒酒的,也只有第九季他的演艺最佳,并获得了艾美奖的提名。

派瑞的人生经历让我们更清晰地了解了阿片类药物上瘾危机影响之深远。任何人都很难抵挡上瘾,而医药企业明知上瘾危害还大规模向普通病人推广阿片类止痛药,赚取黑心钱,放任处方药在黑市上被毒贩子倒买倒卖,每年导致上万人因为吸食过量而死亡,更有几十万像派瑞这样的人困于上瘾而难以自拔,工作和生活因此被毁。

当然,派瑞在上瘾过程中无法自拔也有他自己性格的原因。一个成功的喜剧演员总有他悲剧的一面,这就引出了派瑞人生的第三幕——出道即巅峰。

第三幕:出道即巅峰

《老友记》中的六位主演几乎都是出道即巅峰。1994 年夏天,《老友记》第一季拍完,从剧组到导演再到制片方 NBC 都清楚这是一款爆款的剧集——事实证明也的确如此。

《老友记》在 1994 年秋天首秀之后表现不俗,第一周就进入美剧排行榜前 20,几周之后挺进前 10,然后进入前 5,并且在随后的几季中持续保持周榜前 5 的地位,创造了美剧的奇迹。那是一个互联网和手机没有普及,更没有流媒体的时代。大多数人的夜生活围绕着晚上播放什么剧集而安排,《老友记》被安排在周四晚上 8 点半的黄金档,经常创造首播 5 000 万人观看的纪录。

钱德勒的角色在剧集一开始被设定为"别人生活的观察者",就好像李尔王中的出言无忌的傻子,在别人都闭口不言的时候说出真相。但派瑞实在是有说笑话的天赋,往往一句话就引爆全场。

如果没有家境的影响,父母早早离异,他总是希望赢得母亲的关注,派瑞也不可能练就说笑话的天赋。在自传中他坦言,获得注意力就好像赢得圣诞树一样。只要家里空气紧张,或者自己想要赢得别人的注意力,他就得说笑话,而这也帮助他练就了本领,一句话逗人笑,逗爆全场的本领。

一位德国哲人说过,"我每次开口说话,讨论的都是我自己"。换句话说,言语是一种自我的投射。《老友记》中的钱德勒,表面上是最会讲笑话的人,实际上却是将真正的苦痛藏得很深的人。"对每件事、每个人都能讲笑话,这样一来我们就不用讨论任何真实的事情了",这是钱德勒的人物造型,派瑞塑造了钱德勒,钱德勒也定型了派瑞。

当然,年轻人很难抗拒金钱和名望的吸引力。成名意味着大把的财富。《老友记》十季的长跑,六位主演在不同时期都拥有自己的高光时刻,原本可以因为自己的大红大紫来争取更高的片酬。但从第三季开始,六人就决定同进退,同工同酬,一起谈薪水。随着剧集的火爆,《老友记》成为美剧历史上最大的吸金石,六人的薪酬也水涨船高。在第九季中,每人拍一集的薪酬超过了 100 万美元。

因为《老友记》出名,派瑞会接到很多拍电影的邀约,可是在金钱游戏人生苦短中,他也一度不再专心演戏。对名声正旺的他而言,研读剧本好像是回到学校一般。几十年后,当派瑞也开始自己写剧本,找年轻演员拍戏时,他才真正理解了名气的腐蚀性,要让年轻演员对剧本产生反应比拔牙还难。《老友记》的第九季是派瑞的高光时刻,不仅因为这一季他彻底摆脱了酒精和阿片类药品的影响,他的演技也有了实质的提升。他理解到在演戏中,学会倾听有时候比能说会道更重要。派瑞学会了倾听,而不是站在那里,等着轮到自己开腔。"了解更多,说的更少"成了他新的座右铭。

如果他能持续清醒下去,以他的聪明才智,未来可期。

很可惜,在第十季大结局压轴戏的晚上,《老友记》的所有人都为一个时代的结束而唏嘘,唯独派瑞饰演的钱德勒略显木然,似乎有些无动于衷。派瑞说他在片场从来不会嗑药,但药劲过后的麻木仍然会让他变成另外一个人,大把的人生机会也因为这种麻木而被浪费。

但观众们仍能记住派瑞在大结局末尾的神光一现。

十年相伴在一起的公寓被清空,一群人恋恋不舍,略显木然的钱德勒推着婴儿车跟在众人身后,"有没有时间再一起喝杯咖啡?"瑞秋突然问道。"当然。"钱德勒好像突然回过神来,"去哪儿?"最后一句几乎神来之笔。十年了,老友们喝咖啡还会去别的地方么?"情景喜剧,好像每周都在演一场独幕剧",派瑞在自传中写道。《土拨鼠之日》是派瑞最喜欢的电影,如果生活也像是《老友记》那样不断重复的独幕剧,相信他一定会特别开心。

只可惜在他生活中重复最多的并不是每周的灵光一现,而是永远走不出的戒瘾之路。

桨板与道钉

在小说的最后，他们终于抵达了林肯公路的起点。

许多人的人生都沿着菱形的轨迹，但并不是小说《林肯公路》*中艾伯纳西教授所认为的那样只有一个菱形，在很多时候，它可能是许多个菱形嵌套起来的。

一群半大不小的孩子因为不同的原因被送到美国中部堪萨斯州的少年管教所，就是一种人生道路的汇集，达到人生菱形轨迹的一个的顶点。他们属于不同的阶层和种族，之前的生活多种多样，但都因为各种匪夷所思的原因而汇聚到一起。

老钱家族"含着金汤勺出生"的伍利和黑人邮递员的儿子汤豪斯都是因为车：伍利开了一辆停在路边无人看管的消防车，结果消防员没办法及时赶到失火的马厩，几匹上好的赛马因此被烧死；汤豪斯则是"偷开"了一辆太过抢眼的敞篷跑车，带着约会的女孩在曼哈顿兜风，结果被车主报警。当然，两个人都有更加"高尚"的理由，伍利所受到的教育让他觉得自己有责任确保一辆无人看管的消防

---

* ［美］埃默·托尔斯：《林肯公路》，龚宁译，湖南文艺出版社 2023 年 10 月版。

车应该尽早物归原主;而汤豪斯则很讲义气,虽然晚上花上一两美元从相熟的修车铺借出一辆富人的豪车兜风是街头小混混"装逼"的常见套路,一旦被警察抓住,肯定不能把修车铺的好兄弟供出来,承认自己"偷车"是正确的选择。

埃米特和达奇斯的殊途同归则是因为某种意外。埃米特在小镇上遇见出言不逊羞辱自己父亲的小混混,怒气中烧,一拳将其打倒。不巧的是小混混后脑撞在石头上,一命呜呼。达奇斯进入少管所则纯粹是因为自私的父亲栽赃。这其实已经不是第一次了,上次父亲为了和年轻的女人私奔,撒了个谎把幼小的达奇斯留在了修女开的孤儿院。两个人都有着类似的执念:账目一定要清算清楚。埃米特释放后回到小镇,小混混的弟弟来讨说法,他一点都不含糊地挨了埃米特的两拳;达奇斯则一心要找到父亲——还包括其他的"债主"——想尽快结清"欠账"。

换句话说,冒险故事中的年轻人要么是因为某种朴素的美德而被送到少管所,要么在离开之后,仍然坚持朴素的情感。

"人生从一个小点开始,在青少年时期向外发散,开始培养优点,也滋生缺点;结交朋友,也遭遇敌人。涉世之后,他与一大群优秀的伙伴一同追求丰功伟绩,积累荣誉和赞赏。"艾伯纳西教授这样描述人生的菱形轨迹。少管所是这群年轻人的人生起点,人生的另一个菱形轨迹底点,林肯公路的一段历程则是他们一同冒险的历程。

《林肯公路》是美国作家埃默·托尔斯在 2021 年出版的第三部

小说。或许是因为早年银行业从事研究的职业背景，或许是年少写过短篇小说，知道长篇的谋篇不易，托尔斯的小说喜欢遵循某种精巧的计划。他在前一部长篇小说《莫斯科绅士》中展示了一种乐曲的开阔气势，随着故事情节演进，时间间隔不断拉长，到了某个顶点之后，间隔又再次缩短，符合人们对时间的感知——几十年都无事可记，然后一两周内事件又纷至沓来。这种节奏感让小说抑扬顿挫。

《林肯公路》则呈现出一种紧凑的节拍，一段微缩版的菱形轨迹：几个年轻人的旅程只有十天，一出发就分叉，但始终朝着一个目标聚焦。冒险的足迹中可以看到《汤姆·索亚历险记》的痕迹，也演绎了不少母题，比如说寻母，还有后续的公路片。

为什么要冒险？因为在菱形的顶点，一切都安顿下来的时候，可能归于沉寂。埃米特在家乡的好朋友萨莉很清楚为什么要冒险，要远行，因为"一个人的家可以成为他的城堡，护城河既能阻止外面的人进来，也能阻止里面的人出去"。尤其当家庭是在一个只有两条街分割成四个街区的小镇的熟人社会。

更重要的是，冒险是不希望原地踏步，因为"对原地踏步的渴望并不源自一个人的美德，而是源自他的恶性。毕竟，暴食、懒惰和贪婪不都与原地踏步有关么？傲慢和嫉妒也与原地踏步有关"。一旦踏上远行的路，菱形的顶点就会重新变成底点，路途愈发开阔，而在"那个广阔的世界里有坚韧的伙伴和远大的冒险"。

当然，冒险也很可能是一个人的远行。埃米特和弟弟比利的妈妈就抛弃了日常生活——包括自己的两个儿子,尤其是襁褓中的比利,去追求她心目中"无与伦比的快乐"。当然她沿着林肯公路穿街过镇时不曾忘记给两个儿子一路寄出明信片,潜台词是某一天,如果儿子们要去找寻妈妈,可以按图索骥。寻找远行的母亲,是比利选择林肯公路的原因,他希望和哥哥一路西行,一路开车到太平洋沿岸的旧金山。

托尔斯选择让小说发生在 1954 年,因为那个时点让"公路小说"成为可能。1954 年,士兵们都解甲归田,越战的升级还要在十年之后。战后的美国正在经历最繁荣的发展,但真正连接美国东西南北的州际高速公路系统,尚待 1956 年美国总统艾森豪威尔推动才会开始修建。

经历了近十年的繁荣景气,汽车塑造了一代年轻美国人。汽车、皮卡、公路,构成了年轻人驰骋四方的元素。每个年轻人,无论是纽约的富二代还是内布拉斯卡乡下的女孩都会开车,这一点很神奇。车轮给了年轻人以自由,有了车,就有自由,可以随时带上行囊驶向远方,闯荡世界。第一条横贯美国东西两岸的林肯公路是绝佳的背景。

当然《林肯公路》也是一本哲理小说。

比利在路途上遇到了一个与《奥德修纪》里的尤利西斯同名的黑人军人角色,一个知道南北战争中北军将领的尤利西斯,却不知道希腊神话中冒险的尤利西斯的退伍军人。小说里的尤利西斯在二战期间决意抛下怀孕的妻子上前线,征战归来却发现妻子已经带着出生不久的孩子离开了。在此之后,他整整 8 年时间爬火车寻寻觅觅,一直一无所获。

比利转述了《奥德修纪》里的故事:提瑞希阿斯告诉尤利西斯,他必须带一只桨前往乡间,一直走到一个没人见过大海的地方,路人会停下来问:你肩上扛的是什么。就在这个地方,伟大的尤利西斯以波塞冬的名义把桨插进地里,自此他重获自由。尤利西斯能否像《奥德修纪》里说叙述的那样,十年梦想成真,找到自己的妻儿,重获自由?

比利的答案是肯定的。托尔斯在小说里杜撰的艾伯纳西教授告诉尤利西斯:对伟大的尤利西斯而言,供品是一只桨,对你而言,供品与多年流浪相关,应该是一根道钉。"你必须把它带到一个没人见过铁路的地方,人们会问你这是什么,就在那个地方,你要把它敲进地里。"

对于自己所不了解的,对于"未知的未知",大多数人总是倾向于眼见为实,哪怕是一鳞半爪。冒险就是踏上"未知的未知"的旅程。当远行结束,别忘了分享桨板与道钉。或者说,当一段菱形人生轨迹将要抵达顶点的时候,别忘了带着冒险经历的一鳞半爪开始分享自己的故事,这样的故事最能打动那些懵懂的人。

抵达林肯公路位于纽约时代广场的起点,几个年轻人走到了人生又一个菱形的底点:埃米特带着弟弟比利要从纽约出发,一路沿着林肯公路远行去加州开启全新的生活,他对此规划谙熟于心,一个人口快速增长的州,住房需求不断增长,依靠这笔启动资金,通过自己的木匠手艺翻修房子,可以让财富快速增值;汤豪斯想着参军,"身为黑人,无论你最终是背邮包、开电梯、加油还是坐牢,你都要穿制服"。达奇斯还没有结清与自己父亲的账;伍利却完成了自己的心愿,回到了家。

人生的下一个菱形轨迹才真正开始。

代跋 创新的常识、科学思维、企业家精神与探索未来

　　创新是一个频繁被提及的词,因为面对不确定的世界,面对中国经济的结构性挑战,无论是解决复杂问题,还是寻找未来发展的新动能,都需要创新。但什么是创新?是鼓励发明,是增加科研的投入,是提倡创业,还是用全新的思维审视问题,抑或是新瓶装旧酒,让既有能力在新领域找到应用场景?更重要的是,到底如何推动创新?创新可以挂在嘴边,但真正想要实践创新,做到知行合一,却必须要个人塑造正确的理念和企业形成创新的文化,比如鼓励多元,鼓励试验,包容失败,科学思维等等。

　　仔细梳理 2023 年我的阅读历程,发现过去一年的阅读体验看似散漫,却能用"创新的常识"将其串联起来,具体而言就是好奇心、开放、探索、企业家精神与野心。

好奇心

　　2023 年 11 月底,99 岁的查理·芒格去世,纪念如潮。作为巴

菲特的左膀右臂,芒格成就了巴菲特,也推动了价值投资的普及。如果说这位老人最重要的智慧是什么,莫过于好奇心。

《芒格之道:查理·芒格股东会讲话 1987—2022》*中收录了不少芒格对于好奇心的描述。他强调,做任何事情的时候,都需要自己感兴趣,有自驱力去做,而不是人云亦云地跟风,这样才能持久,才能钻研下去。遇到大问题、复杂问题,只要感兴趣,就会自己"死磕"。所以好奇心是创新的第一驱动力。

实践好奇心,需要终身学习,而芒格也是终身学习的典范。每天他与巴菲特最热衷的就是阅读和交流。芒格说:"始终充满热爱,如饥似渴地学习,不懈地打磨技艺,假以时日,自然会达到一般人无法达到的层次。"

好奇心也是芒格所推崇的"多模型思维"的基础。好奇心驱动对各种新颖事物的探究。多模型思维简单来说就是多角度看问题,可以俯瞰,也可以仰望。想问题的时候,既要考虑在我之上的人看到的是什么,也要考虑在我之下的人看到的是什么。世界是多元的,只有整合多个模型,才能正确地认识现实,只有汲取各学科的主要知识,才不至于只见树木,不见森林。

芒格强调:"我们应该先靠专业化思维解决生计问题,然后再凭借跨学科思维正确地认识现实。"好奇心恰恰是开放的心态与跨界思考的起始点。

---

* [美]查理·芒格:《芒格之道:查理·芒格股东会讲话 1987—2022》,中信出版集团 2023 年 6 月版。

开放的精神

美国历史学家米勒的《芯片战争》*（*Chip War*）讲述了全球芯片业过去 60 年的发展历史。虽然高端芯片是中国被卡脖子的痛，但如果梳理一下芯片发展史，可以发现这是一段开放创新、全球协作的历史，没有哪个国家可以完全依赖自身的努力完成高端芯片业的构建。

芯片的广泛应用推动了芯片行业的大发展，催生了从材料学到精密制造仪器在内的一系列全新产业，而这种发展依赖全球研发、全球协作和全球分工。这种复杂关系是全球化的产物，因为有比较高的集成度，所以形成了一系列的卡脖子点。

《芯片战争》促使我们仔细思考自主创新与开放式创新之间的张力。因为卡脖子，所以需要自主创新；但因为高度复杂的芯片是全球化协作创新的典范，无论是缩小中国与全球技术之间的短板，还是在人工智能等全新的应用场景中寻求芯片的突破，都需要我们去坚持开放式创新，广纳全球英才。华为与中芯国际合作用 DUV 技术制造出七纳米先进制程的芯片，举国瞩目。但中芯国际取得突破的一大原因是能够吸引全球技术人才参与攻关，很多骨干来自中

---

    * ［美］克里斯·米勒：《芯片战争：世界最关键技术的争夺战》，蔡树军译，浙江人民出版社 2023 年 5 月版。

国台湾、日本、韩国和德国。

科学的精神就是开放式创新,高科技创新需要利用全球的知识网络。从中国视角应对芯片战争,我们需要理解开放式创新、坚持不脱钩的重要性。因为芯片行业的每个参与者与产业链上的同行和竞争对手都是竞合的关系,只有协作学习,了解别人的进步,才能共同进步。

开放,说起来容易,做起来难。比如,美国的一些专家学者就认为拜登政府电动车产业政策对中国制造完全关上大门可谓不智之举,既然中国电动车技术领先全球两到三年,美国从中国学习,远比给中国技术打标签要受益更多。

开放的另一面是跨界和破圈。在《制造想法》中,波士顿咨询的马丁·里维斯一再强调破圈的重要性,尤其是打破既有的思维框架,不断质疑假设。思维框架并非事实,而只是我们去观察和理解事实的视角。一旦改变了思维框架,我们就会发现新问题,或者采用不同方法来解决老问题。

举一个管理思维破圈的例子。在过去几十年的管理实践中,我们依赖历史可量化的指标来管理企业已经成为常态,但这也可能是管理层最大的盲点。财务数据是对过去的总结,但不一定能够成为未来的指针,尤其在环境剧变的时代。

破圈来自找到具备前瞻性且可以衡量的新指标。一些公司已经开始尝试,比如 3M 公司提出了新鲜度指数(freshness index),用以衡量新业务创造收入和利润的占比,兼以衡量客户持久度。

鼓励探索,因为伟大不能被计划

创新需要鼓励探索。探索一方面需要冒险,另一方面得能耐得住寂寞,不跟风。

科学家需要耐得住寂寞,因为科学发展可能十年如一日没有任何变化。《深度学习革命》*就记述了人工智能的冬天有多寒冷难耐。科学发展有时候却又快得惊人,一日十年,比如当下炙手可热的生成式人工智能,只有在寒冬中坚守的人才能在爆火的大潮中绽放。

企业也是如此,2023年爆火的英伟达就是一例。虽然当下公司股价暴涨,跻身于美股万亿美元俱乐部的神奇七公司(Magic Seven)之列,但在出名之前,公司耐得住寂寞,坚持在GPU(图形处理器)赛道内探索,最终取得巨大成就。

按照一位英伟达资深管理者的说法,如果芯片同业知道GPU未来有这么宽广的赛道,该领域早就会高手云集,根本轮不到英伟达。英伟达有一种向死而生的文化,公司非正式的座右铭是"我们距离倒闭只有30天"。换句话说,英伟达也无法预测未来,套用2023年一本书的书名来说,就是"伟大不能被计划"。

---

* [美]凯德·梅茨:《深度学习革命:从历史到未来》,桂曙光译,中信出版集团2023年1月版。

现在,在华尔街投资人的口中,"人工智能的战争已经打响,而英伟达是唯一的军火商"。英伟达创建的 CODA 软件构建的无形护城河,帮助它在早期加密货币领域和最近生成式人工智能大潮中成为"淘金潮"里最赚钱的卖铁锹的人。

推而广之,探索需要拥抱开放和包容多元。

在《超越颠覆》(*Beyond Disruption*)中,《蓝海战略》的两位作者在二十年后特别强调,无论是生物系统,还是人类的文明,其本质都是开放的系统(蓝海而不是红海),这一系统会尽可能探索各种有趣的可能性。

探索可能性需要包容不同的意见。科学发展需要多元的想法,真理掌握在少数人手中,异端的想法往往能产生新动能。相反,共识往往是通向成功的最大障碍。寻求共识将阻止人们沿着有趣的踏脚石前进,因为不同的人对什么是最有趣的踏脚石的看法很少会一致。《星际信使》也特别强调一致性是科学的大忌,良性、健康的分歧是探索前沿发现的一种自然状态,不同观点的碰撞会产生新知。

《为什么伟大不能被计划:对创意、创新和创造的自由探索》*建议,如果你是投资人,想在有远见的人身上投资,需要关注那些在附近的不确定性领域中徘徊和探索的人。

---

* [美]肯尼斯·斯坦利、乔尔·雷曼:《为什么伟大不能被计划:对创意、创新和创造的自由探索》,彭相珍译,中译出版社 2023 年 4 月版。

企业家与科学家同样重要

技术应用的发展离不开企业家精神,离不开资本的撬动。利润的刺激让企业家的创新精神与技术进步深度捆绑。

按照德里克·利多在《企业家》中的分析,企业家从三方面推动科技发展和创新。首先,企业家的行动具有自主性。自主性令企业家有驱动力去解决复杂问题,去刨根问底,这种自主性背后既有利益的驱动,也有对名望的追求。同时,企业家能够撬动资源,能吸引他人为其创新提供有价值的回报。企业家的能量在于构建组织,撬动资金和资源的杠杆,吸引和激励一群人帮助他们完成目标。

在《埃隆·马斯克传》中,经常可以看到马斯克的自主性与激励他人的事例。在很多情况下,马斯克是用自己对特定领域——无论是电动车还是火箭——的深入钻研来感染人才。

此外,优秀的企业家还会开创集群创新,推动创新的浪潮。无论是电动车还是火箭,马斯克的加入都在贯彻其雨林法则,开创了全新的创新集群。雨林法则强调,在位者就好像雨林中茁壮的树冠,但在它们的遮蔽之下,树冠之下萌芽的创新者根本没有汲取阳光的机会。马斯克希望自己的创业公司能够打破旧有树冠的垄断——无论是波音或洛克希德·马丁等国防供应商对航天业的垄断还是传统燃油车对汽车行业的主导——给创新者集体涌现打开一片天地。

的确, SpaceX 开启了中小私人火箭开发商和小卫星的浪潮, 而特斯拉更是推动了电动车取代燃油车的世纪变革。集群为创新不断加速提供了看不见的推力, 它吸引更多创新者涌入, 在竞争中不断改进生产方法, 创造更为庞大的供应商网络, 刺激客户新需求。

如果没有企业家, 世界将变得贫困落后, 贸易会受很大限制; 科学也许会存在, 但技术进步可能遭遇瓶颈。企业家精神是一种原始驱动力, 激发了社会中某些个体的创造力和冒险精神, 使其愿意投入大量的时间和精力去为他人提供产品和服务。企业家精神是塑造社会运作方式和消费行为的力量。

理解野心的作用

马基雅维利曾经说过, 要犯野心的错误, 而不是懒惰的错误。其实不止政客和企业家有野心, 科学家何尝没有野心? 没有野心, 就不可能在科学创新的竞争中崭露头角。

奥本海默和冯·诺伊曼都参加了发明人类第一颗核弹的曼哈顿计划。这一计划充满争议, 核弹试验成功, 尤其是在二战中使用之后, 更是引发全球限制核武器的呼吁。类似于核技术这样的突破性技术能否阻挡? 奥本海默和冯·诺伊曼的回答都是不可能, 这不仅因为当时研究核武器决定正义与邪恶两方的实力对比, 更因为本质上科学家也是野心驱动的冒险家。

在《奥本海默传》中，我们看到他对核能的表述：当你看到技术上如此甜美的东西时，你会一往无前地研究它，只有在你取得技术成功之后才讨论如何处理它。先做，后讨论，这是科学家成为某一领域学科第一人的动力所在，哪怕背负很多骂名。

冯·诺伊曼把研究核能上升到科学伦理的高度。他曾经说："我们正在创造的是一个怪物，它的影响将改变历史，前提是还有历史可以改变。然而，无论是出于军事原因还是出于科学家的道德观点，不去推进这个项目都是不可能的。科学家一旦知道某项技术可行，无论可能导致多么可怕的后果，不去研制是不道德的。"

在推动创新的路上，我们决不能忽略企业家的动物精神和科学家争取第一的野心，虽然科学进步会带来一系列意想不到的后果，但因为担心意想不到的负面结果而限制科学的发展，在野心面前，无从抵挡。

这自然就引发了对未来的畅想。在《下一次浪潮》(*The Next Wave*)＊中，DeepMind的联合创始人穆斯塔法·苏莱曼提出了他对未来的预测公式：(生命＋智慧)×新能源＝后现代社会。这里的生命指的是对生命的全新理解，生物医药大健康行业正在重新定义生命，《超越百岁》(*Outlive*)勾勒出这场技术推动的年龄革命的大致框架。未来人工智能的发展也在重新定义智慧，凯文·凯利就认为，这一波大语言模型的发展更像是创造了人造外星人(artificial alien)，

＊ Jim Johnstone, *The Next Wave*: *An Anthology of 21st Century Canadian Poetry*, Palimpsest Press, 2018.4.

也就是另类的智慧。此外,无论是太阳能、风能、清洁氢能还是世界瞩目的核聚变,清洁能源都将给人类发展带来剧变。

苏莱曼的未来公式揭示了未来创新的三个方向:从硬件向软件,从原子向比特的转化,这是互联网发明之后一路数字化转型的延续;同样从人类基因测序和基因手术刀 CRISPR 的发明开始,基因科学的研究帮助我们探究生命的深层奥秘;而基因研究与 AI 的跨界融合,也碰撞出了新动能;清洁能源的发展则是应对气候变暖,确保百年之后地球仍然宜居的重要之举。

理解创新的常识,不断拓展前瞻的视野,用野心解锁技术的潜能,未来的探索将充满惊喜。

图书在版编目(CIP)数据

重塑:企业家精神、创新的常识与管理新思维/吴
晨著.—上海:上海人民出版社,2024
ISBN 978-7-208-18890-7

Ⅰ.①重… Ⅱ.①吴… Ⅲ.①企业管理 Ⅳ.
①F272

中国国家版本馆 CIP 数据核字(2024)第 084524 号

责任编辑 王　冲
封面设计 陈绿竞

重塑——企业家精神、创新的常识与管理新思维
吴　晨　著

出　　版　上海人民出版社
　　　　　(201101　上海市闵行区号景路 159 弄 C 座)
发　　行　上海人民出版社发行中心
印　　刷　苏州工业园区美柯乐制版印务有限责任公司
开　　本　890×1240　1/32
印　　张　8
插　　页　5
字　　数　156,000
版　　次　2024 年 6 月第 1 版
印　　次　2024 年 6 月第 1 次印刷
ISBN 978-7-208-18890-7/F·2874
定　　价　65.00 元